ワークライフスタイリスト
宮本佳実 著

フツウの私にファンができる♥

「売れる私」になる方法

WAVE出版

今日もおもむろに、パソコンを開く。
一通りのメールチェックが終わったら、
自分の最近の気づきや出来事を、ＳＮＳにさらさらと打ち込む。

ちょっとだけ、ステキな自分を装いながら、
自分らしい言葉を綴るだけで、
「私」がもっと私らしくなれる気がする。

人の「リア充」を見て、なんとなく心がざわつくこともあった。
でも、人のステキなところを見てざわついている場合じゃない。
そんなヒマがあったら、私がもっと輝くことをすればいい。

今日の私を、今日の想いを、今日のスタイルを、
「投稿する」のボタンを押して、世界中に届ける。
「売れる私」が、ここから始まる。

はじめに

こんにちは、宮本佳実です。
はじめて私の本を手に取ってくださった方もいらっしゃるかもしれませんので、少し自己紹介をさせてください。

私は普段、ワークライフスタイリストという肩書きで、執筆活動や講演・セミナーなどを「可愛いままで起業できる！」「好きなことを、好きなときに、好きな場所で、好きなだけ♡」をコンセプトに、新しい働き方・生き方（＝ワークライフスタイル）を提案し発信する仕事をしています。
28歳のとき、洋服好きが高じて、個人向けのファッションスタイリストとして起業したことが、そもそもの始まりでした。

好きなことを仕事にして、起床時間も、仕事を始める時間も、仕事のペースも、休日も全部自分で決められる……そんな自由なワークスタイルがとても気に入りました。

そして、高卒ＯＬでなんのキャリアもなかったフツウの私ができたのだから、やりたい人なら誰でもこの働き方はきっと実現できるはず！　と確信し、このワークスタイルを「好きなことを、好きなときに、好きな場所で、好きなだけ♡」というスローガンとともに発信し始め、「ワークライフスタイリスト」と名乗るようになりました。

さて、そのときの私は、キャリアも人脈も、おまけに貯金もほとんどなく、「起業」というものに手を出したわけですが、起業したつもりはさらさらありませんでした。どちらかというと、好きなことを仕事にした！　という単純な想いだけ。

イメージでいえば、「小学生のころに通っていたピアノ教室の先生のように、自宅で仕事ができたらいいな」というくらいの気持ちでした。そのころ、「サロネーゼ」という言葉が少しはやっていて、自宅をサロンにして教室などを開く主婦の方が増えていたので、そういう働き方に少し馴染みがあったことも関係しているかもしれません。

でも、実際始めてみてわかったのは、好きなことを仕事にするには、まず「お客様にサロンまで足を運んでもらわなければならない」ということでした。そう、「集客」です。

新聞に折込チラシを入れるとか、フリーペーパーに広告を載せるとか、サロン紹介サイトに掲載してもらうとか……はじめはいろいろ考えましたが、なにせ肝心のお金がありません。

そこで、私はどうしたか。そのころ流行りだしていた「ブログ」で集客することにしました。ブログは利用料がゼロ円。毎日コツコツと書き続けて8年目。今では、約2万人の方が読んでくださるようになりました。

最初は、自分しか読んでいないブログでした。それが1人2人と読んでくださる方が増えていき……今では私の会社の「事業を支える要」といっても過言ではありません。

私がブログを通して大事にしたのは、自分の想いを伝え、共感してもらうこと。

毎日、間を開けることなく発信すること。

そして、一定のイメージを保てるようにブランディングすることです。


そう、「売れる私になる方法」をブログで実践したのです。

この方法で、私は集客にほとんどお金をかけることなく、ここまで事業をのばしてくることができました。


私が実践してきた「売れる方法」。

これは、プライベート用のSNSなどはもちろん、仕事でも恋愛でも、どんなときでも有効利用できるものだと、今になって気づきます。

「売れる方法」は、たくさんの人から愛される方法そのものだったのです！


だからこそ、毎日の生活でぜひ、この私が実践してきた「売れる方法」を試してみていただきたい。そして、多くの人から愛される毎日を楽しんでもらいたいのです。

本当に私は、幼いころからフツウでした。顔も、勉強も、運動も（あ、運動はフツウ以下……笑）、なにひとつ人より秀でたところはありませんでした。

そんな私が、全国各地からお客様が会いに来てくださるサロンを運営できたり、何百人規模の講演を各地で開催できるようになったのです。

だから、この方法は多くの人にも使っていただけるのではないかと、みなさんのこれからを想像すると今からワクワクしてきます。

ぜひ、できそうなことからチャレンジしてみてください。

多くの人から愛されるあなたに♡

2017年8月

宮本 佳実

「売れる私」になる方法　目次

第1章

第4章 自分のメディアをつくろう……117

イラスト……柿崎サラ
装幀……加藤愛子（オフィスキントン）
カバー写真…Mario Suzuki
DTP……NOAH
編集……大石聡子（WAVE出版）

第1章

フツウの私にファンができる!

「売れる私」とは「愛される私」になること

私がこの本で伝えたい「売れる」とは、「人気がある」「人から好かれる」ということと同じと思っていただくとわかりやすいと思います。

私はＳＮＳを使って起業したので、そこで「自分をどう見せていくか、どう売っていくか」ということを、いつも考えて仕事をしてきました。

そこでいろいろ観察していると、集客がうまくいっている人はリアルの世界でも人に囲まれていたり、異性からモテていたり、とても人気があることに気がつきました。

起業当初、異業種交流会によく足を運んでいました。その中で、たくさんの経営者や個人事業主とお会いしましたが、事業がうまくいっている方は、話しているととても楽しく、そして感じよく、もっと話していたいな♡　と思わせてくれる人であることが多かったのです。

ＯＬ時代を思い出しても、プライベートで男性から人気のある人は、職場でも多くの人から好かれていました。それはいわゆる外見の「美人」「かっこいい」とは比例しません。もちろん清潔感や親しみやすさは大事ですが、そんな単純なことではないのです。

そう、この「売れる」方法がわかれば、ビジネスをしている人はもちろん、ＳＮＳなどの自分が発信するメディアでも、恋愛市場や婚活市場でも、お勤めしている会社の中でも、「売れる私」「愛される私」になることができるのです。

それは、コツさえつかめば、そんなに難しいことではありません。

「売れる」ことで、働きやすくなり、仕事がうまくいき、プライベートも充実して、もっともっと人生を楽しむことができます。

私はこの「売れるメソッド」（愛されメソッドともいいます）を、独立して仕事をする中で、自分なりに実践して確立し、人生がさらに楽しくなりました。

さあ、「売れる」を一緒に体感して、もっともっと人生を楽しみましょう♡
この本であなたにお伝えしたいことが、溢れ出してきます。

それでは、早速ですが「私が売れる」ということについて、考えていきましょう。

「売れる」ということを考えたとき、ついつい外側へのアプローチ、たとえば「まわりの人にこうやって接する」とか、「こういう写真をSNSにアップする」などを思いがちですが、**まず最初にやることは、自分自身を見つめ、自分のことをよく知ること、つまり内側へのアプローチなのです**。

なぜ、内側へのアプローチからするのかというと、自分が自分のことをわかっていないと、売れるものも売れないからなんです。

タレントやアイドルは、彼らを客観的に見てくれるスタッフやプロデュースする人が、「こうしたら売れるかも！」「こういう見せ方がいいね！」と考えてアドバイスしてくれています。

でも芸能人ではない私たちには通常、そんな人はいません。だから自分で自分のことを客観視し、売れる方法を考えていかなければならないのです！

だからこそ、**まずは自分のことを自分がしっかりとわかっていることが、「売れる」ための前提条件となります**。

「いまさら自分のことを知るなんて……」
「もっと手っ取り早く売れる方法、教えてよ！」
と言う方もいるかもしれません。

でも、自分自身と向き合うことは、一見遠回りのような気がしますが、本当はここからしっかりやるのが一番確実で、近道。

まずは、次からのワークで自分のことを改めて見つめていきましょう。

私の本やセミナーでは恒例となっていますが、自分のことを知るという「ワーク」をまずはやりたいと思います。

「もう、何度もやっている！」という方も、ぜひおさらいとして、ここでもぜひやってみてください。

人は常に変化しているので、「自分を見つめること」にも更新が必要です。

【自分自身を見つめるワーク】

自分に関する次のことを、しっかり考えていきましょう。

- **好きなこと、嫌いなこと**
- **やりたいこと、やめたいこと**
- **こんな自分になりたい、こんな自分はやめたいということ**
- **楽しいこと、楽しくないこと**
- **居心地のいいこと、居心地の悪いこと**
- **なんだか自然にうまくできてしまうこと、どうやってもうまくできないこと**

次に、自分のことをまわりの人に聞いてみます。

「売れる私」になるには、自分を客観視することがとても大事ですが、自分一人で自分のことを考えるのには限界があるのも事実。

ですから「私って、人にはどんなふうに映っているんだろう？」の答えを、家族や友人など近しい人に、ぜひ聞いてみてください。

聞きやすい質問項目をご紹介します。

♛「私って、どんな服が似合うと思う？」
♛「私って、どんな性格だっけ？」
♛「私って、何をやっているときが楽しそうに見える？」
♛「私には、何色が似合う？」
♛「私には、どんな仕事が向いていると思う？」
♛「私の得意なことって、なんだと思う？」

自分のことを改まって聞くなんて恥ずかしいという方は、このような質問を会話の中にさらっと挟むようにすると、話しやすく不自然でなくなります。「がっつり聞けるよ！」という方は、すべての質問をしっかりと一つひとつ詳しく聞いてみましょう。

自分で思っているよりも、人から見ると明るい色の服が似合うと思われていたり、自分は普通にこなしていることをすごいと思われていたりするので、「自分で思っているのと全然違うな」と、びっくりすることがあります。

私も経験があるのですが、起業当初、私のブランディングは「大人カッコイイ」でした。もともと背も低くないですし、体型も華奢ではないので、パンツを履くことが多かったのです。そして、その上にジャケットを着るなどの、シンプル大人スタイルをプライベートでも好んでしていて、雑誌もそういった系統のものを読んでいました。

なのですが、たとえばチラシとかブログのデザインなどをデザイナーさん（面識のある方）にお願いすると、ピンクやキラキラなど「大人カッコイイ」とは程遠い、女性らしいデザイン案が上がってくるのです（複数の人に聞いても「かっこいい」より「女性っぽい」「ふんわりしている」という意見が多くてびっくりしました）。

日常のことを振り返ってみても、スカートやワンピースをたまに着ているときのほうが、「似合う！」とか「かわいい！」とか言われる気がする……（それまで、スカートよりもパンツのほうが多かったし、ワンピースはあまり似合わないと思い込んでいたので、買うこともまれだったのです）。

これは、もしや「かわいい」のほうにブランディングを寄せていったほうがいいのでは？　と思い、今のブランディングが出来上がりました。

私としては、大人っぽいクールな感じが大好きでしたので、あそこで人の意見を聞いていなかったり、聞いても取り入れなかったりしていたら、今の私のブランディングの一つでもある「可愛いままで起業できる」「可愛いままで年収1000万円」などの「可愛いまま」がそもそもできていなかったかもしれません。

「可愛い」にブランディングを寄せていくにつれて、私はプライベートの洋服もふんわりとしたワンピースやスカートを選ぶようになりました。今ではパンツを履いていていると「めずらしいね」と言われるくらいまでになっています。

「人から言われたからといって、カッコイイから可愛いに変えることに抵抗はなかったの？」と聞かれるのですが、最初からガラリと変えたわけではなく、本当に少しずつ「試す」という形で取り入れていきました。

私は、集客方法でもビジネス手法でも、「いい」と聞いたものをすぐに試してみるんです。それから自分に「合う」「合わない」を判断していく。

試す前に「本当にいいかな」「本当に私に合うかな」と考えるより、行動しながら考えたほうが早く答えが出るし、効率が断然いいのです。このブランディングに関しても、「試す」くらいで取り入れていくことで、「案外、私に合うかも」という気持ちになり、どんどんそちらに寄せていきました。

ですからみなさんも、ぜひ自分が見た自分と、ほかの人から見た自分のデータをストックしてみてください。

ここで注意ですが、ほかの人から言われた意見を鵜呑みにする必要はありません。人が人に意見を言うときは、だいたいは無責任です。だから軽い気持ちで聞いて、軽い気持ちで受け止めましょう。

幼いころ、男の子から一度「スカート似合わない」と言われたことがトラウマになって、大人になってもスカートが履けなくなったという方にお会いしたことがあります。人が何気なく発言したことでも、言われた側は重く受け止めてしまうということってありますよね。

だから、**できるだけいろいろな人に聞いて、たくさんの情報を集め、軽く聞いて、軽く受け止めることが大事です**。みんなが「似合う」を選定するプロではありませんので、小さな情報をたくさん集め、そこから自分の見立てもプラスし、判断していくようにするといいと思います。

「売れる」ためにまずやることは、
自分を見つめ、よく知ること。
自分のことがわかると、
どう売ればいいかが見えてくる♡

自分の「欲求」は自分がかなえてあげよう

私は昔から「あの子みたいに可愛くなれたらいいのに」「あの人みたいに上手にできたらいいな……」と、ステキな人に憧れて、「その人みたいになりたい、なんなら生まれ変わりたい！」と本気で思っていました。要は、自分のことが好きになれなかったのです。

でもね、私は「自分の人生に、不可能なことってないし、希望がかなわないことはない！」と思っているし、いつもみなさんにそうお伝えしていますが、もし不可能なことがあるとすれば、「永久に生き続けること」と、「ほかの人になること」だと思います。

自分は自分として生きるほかないのです。

だったら、自分の人生を思いっきり楽しんだほうが絶対にいい。

「ほかの誰かになりたい」なんて嘆く暇があったら、自分のよいところを見つけて磨くほうが何倍もいい。

私は、私以外を生きることはできない。

だからこそ「私」に集中し、「私」を本気で生きることが大事なのです。

では、「私」に集中し、「私」を本気で生きるにはどうしたらいいか。

まず自分の「やりたいこと」「欲しいもの」など、自分の欲求を自分自身がかなえることから始めてみてください。

自分の欲求ってね、ついついおざなりになりがちなんです。自分の欲しいもの、したいことをちゃんと見ず、だから、やりたいこと、欲しいものが手に入らず、自分の人生が不満でいっぱいになる。「あの人みたいに、キラキラ生きたい……」って。

だったら、一番の解決策は、自分の欲求をとりあえず満たしてあげること！　それが本当の自分を生きるということなのです。

これまで私たちは、「自分優先で考えることはいけないこと」と、教わってきたところがあります。自分の欲求に素直に生きている人のことを「自己中」と呼んだり。まわりの空気を読み、人に気を使って自分のしたいことを我慢する……それが人として正しいこととさえ思っていたかもしれません。

でもね、その生き方って、誰も幸せにならないんです。

あるとき、考えていて気がついたのですが、「自分の幸せよりも、人の幸せのために」っていうフレーズ、よく聞きますよね。とってもステキなことのように聞こえます。でも、これを世界中の人がしたら、幸せな人がいなくなるんじゃない？　ということに気がついたんです。

たとえば、Aさんは自分の幸せを犠牲にしてBさんのために。Bさんは自分の幸せを犠牲にしてCさんのために……と繰り返していたら、みんなが自分の幸せを犠牲にして、人のために生きるということになってしまう。もちろん人の幸せのために生きることは素晴らしいことです。でも、それは自分を満たしてから。その溢れた分で、人を幸せにするのです。

世界中の人が、自分の幸せに責任を持ち、自分で自分を満たすことに専念すれば、それこそ世界平和も夢ではないと、私は本気で信じています。

話が大きくそれてしまいましたが、人に迷惑をかけることなどは別として、**もっともっと自分の欲求に素直になり、自分を幸せで満たしてあげることが「売れる私」「愛される私」につながっていくのです。**

今日、私は何をしたいのでしょう？　お休みの日だとしたら、1日なんとなくやり過ごすのではなく、何も予定がなくても「私は何をしたい？」と自分に問いかけてみてください。

「今日は、1日中家でゴロゴロしていたい。ランチは宅配ピザを食べたいな」

「誰とも会う予定はないけれど、おしゃれしてショッピングに出かけたい」

「ちょっと電車にでも乗って、プチ一人旅でもしちゃおうかな」

こんなふうに、なんでもいいんです。自分の中から出てきた素直な欲求を、自分がかなえてあげるのです。

また、**「本当は、こうしたかった！」「本当は、やめたい！」ということも、紙に書き出してみましょう**。**それも、自分がかなえてあげます**。


私はワークライフスタイリストを養成する講座を開講しています。講座に通ってくださっている方には、すでに起業されている方もいれば、会社員の方もいます。

会社員の方の中には、「会社に不満があって、できたら会社を辞めて早く独立したい……」と考えている方も一定数います。

そんな中で、私は養成講座の冒頭で、この本にも書いたように**「自分の人生に本気を出してください」とお伝えします**。**そうするとみなさん、「自分の小さな欲求にもちゃんと答えてあげよう、かなえてあげよう」と行動するようになる**のです。

ある女性は、「本当は、こういう仕事がしたい！」という欲求を、そのまま信頼できる上司に相談しました。その彼女が言うのです。
「今までは、自分のしたい仕事だけをするなんて、会社というところでは絶対に無理だと思っていたのです。でもこの講座に参加して、人生に本気を出すことを決めたので、口に出してみることにしました。そして上司に伝えてみたら、見事、希望通りの仕事を任せられることになり、少し悩んでいた人間関係でも、ちょっと難しいなと思っていた人が自然に辞めていったり……。会社を辞めたいと思っていたのに、環境がよくなりすぎて、辞める必要がなくなってしまいました！」

また、ある方は、会社員だけど週休3日欲しいと思ったので、会社に言ってみたところ、案外スルッと実現したそうで、さすがの私も「本当に？」と聞き返したことがあります。

こういうことは、次々に起こっていて、自分の「やりたい！」「やめたい！」という欲求や想いを自分がかなえてあげることで、会社員の方のお話だけでも、「希望の部署にすんなり異動できました」とか、「お給料が上がりました」とか、「絶対もらえないと思っていた大型の連休を、案外あっさりもらうことができました」などなど、自分が「できない」と決め付けていたことを、ダメ元で言ってみたら、意外と簡単にかなってしまうということが本当にたくさんあるのです。

自分のことも、家族や大切な人のように考えてあげるといいと思います。

家族や大切な人のやりたいことって、自分が一肌脱いででも、かなえてあげたいなって思いますよね。言ってみて、もしダメ元だったとしても、とりあえず打診だけはしてあげたいとか、そう思えるはず。それを自分にもやってみるのです。

「こうしたい！」と思うことで、すぐ動いて、絶対にかなうとはもちろん限りません。先ほどのような会社でのことでも、「週休3日にしてください」と言って、「そんなことできるわけない！」と言われることももちろんあるでしょう。

でも、言ってみないとわからないし、言う前から、行動する前から、「どうせダメだろうな……」と思っているより、やってみてダメだったら、またほかの方法を考えればいいんです。

だから、「軽く投げてみる♡」

（「軽く投げる♡」については、私の著書『可愛いままで年収1000万円』に詳しく書かれています）

自分の素直な欲求に向き合い、自分の人生に本気を出していくと、人生は驚くほど変わっていきます。

ぜひぜひ、あなたの「こうしたい」という想いを、あなた自身がかなえてあげてください。

自分の欲求に素直になり、
自分を幸せで満たしてあげることが
「売れる私」「愛される私」につながっていく。

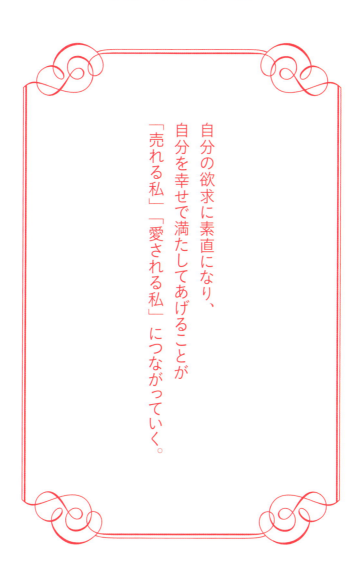

本当の自分に戻るとき、ミラクルが起こり始める♡

「自分の人生に本気を出す」、これを毎日の生活の中で実践することで、自分に起こる出来事がどんどん変わっていくと思います。

まわりの環境や、まわりの人々、ラッキーの回数や、それこそ人気もうなぎのぼりになったり……。

私も、「こんなに物事がうまくいっていいの？」と思う時期がありました。長年夢だった出版をすることができ、1冊目の本をたくさんの方に読んでいただき共感していただけて、2作目、3作目……と続けて本を出せたり、講演会やセミナーにも、多くの方が足を運んでくださったり……。

環境がどんどん変わっていって、「すごいことになっている……気がする」と、その状況を、なんだか他人事のように冷静に見ている自分がいました。

というのも、私自身は何も変わっていなかったからです。むしろ、「本当の自分に戻った！」という感覚でした。

自分が本当にしたかったこと、たとえば「部屋にこもって文章を思う存分書ける」「朝、目覚ましをかけずに起きたい時間に起きられる」「心が許せて、笑いあえる仲間たちと楽しく仕事ができる」など、やっていて、本当に心から楽しい！　嬉しい！　と思えることができていて、「幸せだな♡　本来の自分に戻った感じだなー」と思っていたのです。

すごいことが起きるときって、「すごい自分になったとき」なのだと思っていました。

でも、違いました。

すごいことが起きるときは、「本当の自分に戻ったとき」だったのです。

数年ぶりに会った友人やお客様、生徒さんにも「よしみさん、いい意味で、本当にあのころと何も変わっていませんね。本とか出して有名になったから、なんだか遠い存在になったなと感じていたけれど、よしみさん自身は何も変わっていなくて、なんだか安心しました」と言われることが、本当に多くあります。

私のまわりにも、本来の自分に戻ってうまくいった人たちがたくさんいます。

たとえば私のスタッフ。私はどちらかというと、コンテンツをつくり形式立てて、セミナーや講座を講義のようにやるタイプ。それを見て、「私も、よしみさんみたいにやらなきゃ！」と思うところがあったそうです。

でも、本来の彼女は、話が吉本芸人並に面白く、会ったお客様たちがみんなファンになってしまうような、そんなキャラクターの立つ存在なのです。だから形式立ててセミナーをやるよりも、彼女のキャラが立つようなお話会とか、トークショーをやるほうが何倍も彼女らしいし、うまくいくのです。

私も、まわりにうまくいっている人がいると、「あの人のようにしなければ」と思うことがたくさんありました。

たとえば、プライベートでいえば、「ちゃんと毎日、ご飯をつくらなければ」「ちゃんと早起きしなければ」など、ステキできちんとしたライフスタイルを送っている人を見ては、自分のダメさ加減に嫌気がさしていました。

でも今、私は私らしく「ごはんは気が向いたときにしかつくらない」「朝は起きたい時間に起きる」というライフスタイルで本来の自分に戻り、とっても調子がいいのです。

「すごい誰かみたいに！」と自分を追い込んで、「眉間にシワを寄せながらご飯をつくったり、無理して早起きしたりして機嫌が悪くなるくらいなら、いつも自分の機嫌がよくいられる方法をちゃんと自分がわかってあげて、家族にもニコニコ接するほうが、きっとまわりの人も幸せになるのではないかと思います。

だからこそ、すごい自分になるのではなく「本当の自分に戻る」ことがとても大事。「私を本気で生きる」ことで、どんどん本来の自分に戻ることができます。

「すごい誰か」を目指す必要なんてまったくない。
「すごい自分」になるのではなく
「本当の自分に戻る」ことが大事。

昔の「姫力」を取り戻そう！

2年ほど前に、一番仲のいい友人が出産しました。週1回は会って、プライベートのことはもちろん、仕事のこともたくさん語り合う仲だったので、彼女のお子さんが生まれてからも、以前のペースまでとはいきませんが、かなり近いペースで会って話をしています。

そのときには、今1歳になる娘さんも来てくれて、いつもその可愛い姿に癒されながら、女子トークに花咲かせるわけですが、小さな子どもをいつも見ていることで、私は気づくことがたくさんありました。

●子どもは鏡を見るのが大好き！

鏡の中に自分を見つけると、小さな子どもはとっても喜びますよね、「あ！　私だ

♡」ってキャッキャ言いながら。それを見て、冗談で「ナルシストだね（笑）」と、大人たちで話していたのです。

そうなのです。大人になると、みんな「自分の顔が嫌い、自分のことが気に入らない」と思っていることが多いのですが、幼いころはみんな自分の顔が好きだし、自分のことが大好きなのです。

もともとはみんなナルシストで、みんな自分が大好き。でも大人になると、自分のことが大好きだなんて恥ずかしいし、人と比べるということを覚えて、「あの人より……」と思ってしまう。

「自分大好き♡」が本来の姿なのだから、自分大好き♡　でいいのです！

大人になったら自分のこと好きなんておかしいとか、ナルシストなんて恥ずかしいなんて、それこそ実はおかしいという事実に、子どもと接することで気がつくことができました。

●もともとみんな、お姫様で王子様、そしてアイドル♡

友人親子と食事をするとき、当たり前ですが、お母さんである私の友人は、いつも「どれが食べたい？」と聞きながら、ご飯を食べさせてあげています。娘さんは「これ！」と、まだ片言ですが、指をさして、食べさせてもらいご満悦。

もちろん、小さなフォークで自分で食べることも少しできるのですが、その様子も大人たちが見守って、そのしぐさにみんなが微笑み嬉しくなり、一挙一動に、大人たちは大盛り上がり……。

食べさせてもらうことは、当たり前。靴を履かせてもらうことも、当たり前。自分の発する言葉に大人が喜ぶのも、もちろん日常。自分の「これしたい！」のワガママもたいていのことなら、みんな笑って受け入れてくれる。

そう、もうこれはお姫様であり、王子様。ワガママだろうが、傲慢だろうが、大人たちはそんな姫や王子が大好き♡　みんな、昔はお姫様であり王子様だったのです。

でも、どうでしょう。大人になるにつれ、少しずつ遠慮すること、自分の欲求にフタをすることを覚えて、自分が我慢さえすれば、物事は円滑に進んでいくと勘違いし、そんなふうに毎日を生きていると不満がたまり、「自分の人生って……」と悲観したくなる。

それでは、せっかくよかれと思って、遠慮して自分の欲求を抑えているのに、本末転倒ですよね。

だったらもっと、昔の姫力・王子力を活用！　です。

何も、昔のように、誰かにものを食べさせてもらったり、靴を履かせてもらったりしましょうと言っているわけではありません。

ただ、自分のしたいこと、欲しいものは、もっと声に出して伝えてもいいと思うのです。

もちろん、人に迷惑をかけたり、ワガママを言いすぎて嫌われてしまったら元も子もないのですが、まず、人はそう簡単に自分のことを嫌いになったりしません。だから、自分の「こうしたい」を伝えてみましょう。仕事先で、「こういう仕事がしたいです」と伝えてみたり、友人の集まりでいつもは遠慮して言わない「私はここに行きたい」というような意見を少しずつ伝えてみましょう。

私は大事に扱われて、当然な存在♡
だからまずは自分が、大事に扱ってあげることから。
自分がお姫様であることを認めて、自分がそのワガママをかなえてあげよう。

●自分の意見を言える人のほうが愛される♡

まわりの人を見ていて、いわゆる「ワガママな女」のほうが愛されているなと思います。そういう人はバランス感覚がよく、ワガママの中にも可愛さを交えて上手に伝えたり、誰かれにそのワガママぶりをするわけではなく、人とタイミングを選んで、「可愛いワガママ」を出すのです。

反対に、人の都合ばかり気にして遠慮している女性は結果、まわりの人（とくに男性）

に、いいように扱われたり、異性関係に関していえば、都合のいい女になってしまっている……ということが見受けられます。

これは、友人から聞いた話なのですが、その友人はシェアハウスに住んでいて、2人の同居人（女性）と、いつも恋バナに花が咲くらしいのです。

1人はいわゆる「お姫様ガール」を地でいっているような人。先日、プロポーズを受けたらしいのですが、「自分のイメージ通りのプロポーズじゃない！」と2回もやり直しをさせ、3回目のディズニーランドでのプロポーズで、やっと指輪を受け取ったそうです。

もう1人の女性は、いつも彼の機嫌や態度を伺いながら、彼が喜ぶように、先回り先回りして尽くすタイプ。甲斐甲斐しく、料理をつくりに行くのですが、イヤだなと思うことは遠慮して言えない……。そうすると、決まって彼女は振られてしまうのだそうです。

私も、今のパートナーとの付き合いを始めたころは、いつも彼の言動や機嫌を伺いながら接していました。彼がイヤだということはやらないし、彼が家に来るときは苦手な料理を頑張ってつくってアピール。仲はいいのだけど、なんとなく2人の関係のバランスがとれていないような、自分自身が疲れて窮屈な気がしていたんです。

そうやって1年くらいでしょうか。一緒に住むようにもなったので、「彼の機嫌を伺うのやーめた」って、突然心に決めたのです。私は家族が機嫌が悪くなるということがない家で育ったので、人の機嫌を伺いながら暮らすなんて、もともとできるわけがなかったのです。

そう決めてからは、料理もつくりたいときだけつくる、彼がイヤだということも、納得できないときは「それには、応えられない！　イヤ！」と正直に言う。（笑）

それでどうなったと思いますか？　なんと、彼はものすごーく優しくなったのです。私も、ものすごく彼と付き合いやすくなって、彼の機嫌も悪くなることがまったくといっていいほどなくなりました。あのころの彼はなんだったんだ、と思うくらいです。

そうか。遠慮せずに、したいようにしてみる。もちろん相手への思いやりは大事です。でも、ちゃんと自分の気持ちを伝えて、本気でぶつかることで、ここまで違うんだと思いました。

そして、自分らしくいられない相手なら、「彼じゃなくてもいい！　私は私として生きることが幸せ」と、気持ちが自立したことも大きいと思います。

それまではきっと、「彼に嫌われたくない、好かれたい」という気持ちが強かったのでしょう。もちろん好かれていたいのですが、「彼に好かれている」と自信を持つことで、彼にもっともっと優しくされ、愛されるようになったと思います。

これからは、可愛くワガママを言うことをお勧めします♡

この本を読んで実践していただくと「愛される」ようになるため、そこにちょっと自分のワガママをプラスするだけで、より一層愛される私、「売れる私」になっていくと思います。ぜひ、実践してみてくださいね。

「できない私」も「だよね♡」と受け止める

「やってみて、うまくいかなかったらどうしよう。失敗したらどうしよう……」

そういう気持ちには少なからずなりますよね。私もそういう気持ちがゼロかといったら嘘になります。

でも私は、自分にそんなに期待していないところがあります。

「私はできる♡」と信じてはいるけれど、それほど期待はしていない。

だから**「できない」自分も、「だよね♡」なんて、笑って受け入れられる**んです。プライドがあまり高くないのかもしれません。

子どものころから、両親からは「テストでいい点とってね」とか「この学校に入ってね」とか、期待されることがありませんでした。だから親からのプレッシャーというものをまったく受けずに育ってきたんです。

でも両親は、心から私のことを信じていてくれた。「よしみならできる」って、なんども言われてきました。

こんなことがありました。高校に入って半年くらいたったときに、友達同士（もちろん女の子ばかり）で、土日にビジネスホテルでお泊まり会をしようということになって。そのとき当然、父親は「ホテルで泊まり⁉ 許さん！」と憤慨。私は「えー、友達に行くって言ったのに‼」と半べそをかいていました。

そのとき母親が、「お父さん、大丈夫。よしみは絶対悪いことはしないから。行かせても大丈夫」って言ってくれたんです。そのときのこと、今でも鮮明に覚えていて、あぁ、こんなに信じてもらっているなら、絶対裏切れないなと思いました。

そう、期待はしないけど、心から信じる。
これを自分にもしてあげたいって思うのです。

期待している場合、結果が出なかったり失敗すると、「あー、私だめじゃん。期待してたのに」ってなる。

でも、**自分を信じていると、「私なら、まだできるよね。そもそも私はできていなくても、すごいしね」ってなる**んですよね。

自分への絶対的な愛と信頼！

これは、自分が自分の最強のファンになるということです。

失敗しても、負けても、うまくいかなくても……

私は、私が大好き♡

私が私の一番のファンなのだから。

できない私もすごい♡
自分が「最強の自分のファン」になること。

第2章

「売れる7ヵ条」を身につけよう

第1条　自分が輝ける場所を見極める

みなさんは、自分が輝ける場所というのを考えたことがありますか？

こんなことはないでしょうか。

会社ではいまいちパッとしないサラリーマンが、行きつけのバーでは、なんだか常連客の間ですごくもてはやされている存在で、会社での彼とは別人のように輝いてるというようなこと。

あるいは、学校では中心人物ではないけれど、インターネットの中のあるコミュニティではカリスマ的存在だったりする人……。

自分が輝けて、居心地のいいコミュニティに身を置く。

自分が「売れる場所」を認識するというのは、とっても大事です！

今、もし「なんかうまくいかないな」「頑張っているのに評価されないな」と思うところがあるとしたら、それはもしかしたら、自分の「輝ける場所」に身を置いていないだけということが多々あります。

みなさんは『舟を編む』という本を読んだことはありますか？（映画もあります）。出版社に勤めるサラリーマンが、最初は営業部に属しているのですが、とても真面目なのにまったく仕事がうまくいかず、そのうちに辞書をつくる部署に異動が決まり、そこから辞書づくりを通して、彼が水を得た魚のようにいきいきし始め、人としても成長していくというストーリーです。

「適材適所」という言葉がありますが、この言葉どおりで、不適材不適所だと、自分の力がまったく発揮できないどころか、力を出してもまったく意味がないこともあるくらいなのです。

輝ける場所……それは自分の趣味の場所だったり、同じような考えの人がいる場所だったり、自分が心地よく働ける場所だったり……様々だと思いますが、**もし今の場所で、自分が輝けていないなと思うなら、そこで一生懸命輝こうと努力するのではなく、輝ける場所にさっさと移動です!!**

ではここで、ワークをしてみましょう。

【輝ける場所を見つけるワーク】

まず、今、自分が属しているコミュニティを書き出してみてください。いろいろ出てくると思います。

♛会社
♛習い事（お料理教室・ゴルフ教室）
♛友人関係（大学・高校・前の会社）
……

その中に、自分が心地よいコミュニティと、そうでないコミュニティがあるかを考えてみましょう。

「会社では引っ込み思案だと思われていて、なかなか自分の本来の性格が出せてないなぁ。でも、高校時代の友人たちが集まると、自分の好きな話をたくさんできて、あっという間に時間がたつなぁ」

もし、そんなことを思ったのなら、高校時代の友人関係に似た人間関係がある職場に転職するというのも一つの方法かもしれません。または、そんなコミュニティを自分が運営したり、メディア上につくるというのもいいですよね。

自分が輝ける場所を自分でつくったり、その場所に移動する方法もあるのです。

そんなとき、「そっちに行って、本当に大丈夫かな」と思いがちですよね。実際に行ってみたら「想像と違っていた」ということもあるかもしれません。

職場を思い切って変えるなどは話が別ですが、ＳＮＳ上でそういったメディアをつくったり、コミュニティに参加してみたり、習い事に行ってみるだけなら、違っていたら「戻る」ということもできます。

最初から移動する気持ちではなく、「ちょっとのぞいてみよう」という旅行気分で、新しい自分に出会う場所を見つける気軽さが、とても大事です。

それは、住む場所などでも同じこと。旅行で訪れた土地にとても感動して、移住を決意する方もいますよね。そうやって、暮らす土地・国を変える方もいるくらいですから、自分の身を置く場所を、もっと広い視野で、世界基準で「心地よさ」にこだわって選んでいいのです。

「なんだか仕事がうまくいかない」というときって、「こんな自分だからダメなんだ」という思考に陥りがちですが、世の中、その仕事以外にも、その会社以外にも、働く場所、働き方はたくさんあります。

だから、**もっともっと選択肢を知り、自分で「心地よい」を選択する力を持つことが大事**なのです。

自分の「輝ける場所」を自分でしっかりと見つけていきましょう。

多くの人は「この場所、違う気がする……」と自分がうまくいかないことを認識するところまではいくのですが、自分でその環境を変えようとまではなかなかしません。でもそれでは、うまくいかないことを、ただ環境のせいにしているだけなのです。

以前、私は結婚式の司会の仕事をしていたのですが、同じパフォーマンスをしていても、ものすごく褒められて指名を2年先までくださる会場もあれば、なんだかそりが合わず、全然指名がこない会場もありました。

これは私だけに限った話ではなく、司会者仲間にはよくあることなのです。

また恋愛でも、「あの人とはどう頑張ってもうまくいかないのに、この人だと転がるようにうまくいく」ということってありますよね。私も、自分は好きだけどまったくうまくいかない！　という恋愛をしたことがあります。でも反対に、あれよあれよと転がるようにうまくいくという相手もいるのです。

そう、**自分が同じようにやっていても、輝ける場所とそうでない場所が出てくる**のです。それならば、輝けない場所で無理して輝こうとするのではなく、輝ける場所で目一杯輝こう！　それが「売れる」ためには得策です。

自分の輝ける場所はどこかな？
これをじっくりと考えていきましょう。その輝ける場所に軽やかに移動するには、次の3つがとても大事です。

♕輝けない場所からは、さっさと移動すればいい。
♕輝ける場所を旅行感覚で探し、ちょっとのぞいてみる。
♕しっくりくる場所があったら、軽やかに移動する。

世界は広い。あなたにピッタリの場所がある♡

もし今の場所で自分が輝けてないなと思ったら
さっさと輝ける場所に移動すればいい♡

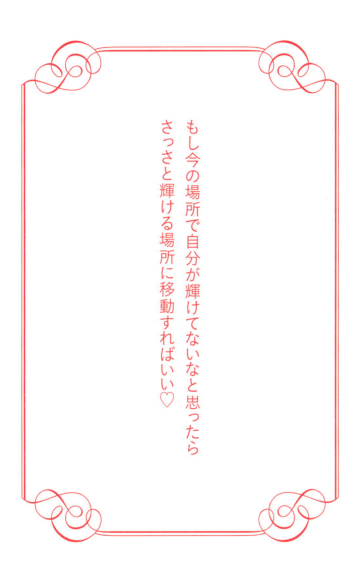

第2条　愛嬌でコミュニケーション能力を高める

OL時代に、会社の常務がこんなことを言っていました。「女は愛嬌」だと。20歳そこそこの私はふーんと思っていましたが、それから、常務の言葉がまちがっていなかったなと思わされることが何度もありました。

恋愛でもなんでも、人にモテるかどうかは、

- **自分が自分のことをどう思っているか**
- **愛嬌**

に集約されるかと思います。

モテるという観点なので、より多くの人から愛されるということです（同性、異性に

限らず）。もちろんまったく愛嬌がなくても結婚する人は五万といます。でも、**いろんな人から愛されて、そして売れる自分になるには、この愛嬌はとっても大事**なのです。

異性からモテることもそうですし、上司や先輩から可愛がられたり、初対面の人の第一印象を上げるのも、この「愛嬌」があるかないかで、全然違ってくるでしょう。

この「愛嬌力」を上げるには、次の3つの「3割増し」が鍵となります。

♛ **笑顔**
♛ **喜ぶときはオーバーリアクション**
♛ **ありがとうの言葉**

●まずは「笑顔」

笑顔ってものすごく大事です。人を喜ばせるし、安心させます。

私は結婚式の司会では、話すときに笑顔でいることを常に心がけていました。人は真顔で話されると、すごく不安になるのです。結婚式というのは非日常のシーンで、緊張する方が少なからずいます。

そんな中で、司会の私が笑顔で話すことで、少しでも安心感を抱いてもらえたらと思い、いつも笑顔で話すことを心がけていました。


また、私は3年ほど前に歯列矯正を始めたのですが、その前に1年間ほど、本当に始めるかどうかとても迷っていて、歯医者さんをいくつかまわって、説明を聞くという時期がありました。

始めるとなると歯を何本も抜かなければならないし、治療費は高額だし、2年ほどワイヤーをはめなければならない、痛くて窮屈な生活……なかなか第一歩が踏み出せませんでした。

そんな中、意を決して、ある歯医者さんに決め、最初の検査（レントゲンをとったり、歯型をとったりする検査で費用は5万円ほど）に行きました。ですが、その検査を担当してくれた歯科衛生士さんが一生懸命なのか、ずっと真顔で笑顔がまったくなく、たぶん小1時間くらいだったと思うのですが、検査だけで心身ともにぐったりと疲れ果ててしまいました。

私は「検査でこんなに大変なら、これからどうなるの？　恐ろしすぎる……」と歯列矯正を諦め、この歯医者さんに通うことはなくなってしまいました。

それから半年ほどして、「やっぱり歯並びが気になる……」と、また別の歯医者さんに説明を求めに行ってみました。そうしたら院長先生がずっと笑顔で、なんだか説明の時間も楽しく、「このあと、検査していく？」と、前にやったのと同じ検査を促されました。

「矯正はやりたいけど……検査も大変だしな。また検査だけして、通わなくなったらお金ももったいないし」とかなり迷いましたが、「じゃあ、お願いします……」と、そのまま検査してもらうことを決め、前回心身ともに疲れ果ててしまった検査を2回する羽目になったのです。

でも、どうでしょう。こちらの歯医者さんは、検査をしてくれる歯科衛生士さんもずっと笑顔で明るいので、同じ検査なのに「え!?　もう終わり？」と思うくらいの早さで終了したのです。

同じ検査なのに、人の対応でここまで感じ方が違うの？ と本当に驚きました。こういう経験から、「笑顔」の威力を私はひしひしと感じています。

誰かに声をかけたとき、真顔で答えられると、怒っているのかな？ と感じたりしますよね。そう、自分が話をするときだけではなく、**人の話を聞くときにも「笑顔」は必須です。それだけで、「愛嬌力」は3割増し**です。

●喜ぶときの「オーバーリアクション」

これもとても大事です。たとえば、人に何かプレゼントをしたとき、相手に喜んでもらえると、こちらも嬉しくないですか？

日本人は嬉しがることが苦手です。内心、とっても嬉しいのに、それを表現するのが下手な人が多いのです。そうすると相手は、「そんなに嬉しくなかったかな？ 迷惑だったかな？」と勘違いしたりします。

だからこそ、いつもより3割増しで喜びを表現してみましょう。

以前、パーソナルスタイリストの仕事で、個人のコンサルティングをしていたときのコンセプトが「おしゃれ美人をつくる」でしたので、長期の継続講座のお客様には、話し方や立ち居振る舞いもアドバイスすることがありました。

あるとき、来られたお客様がとても小柄で可愛く、若い女性だったのですが、あまり笑顔がなく、こちらも「レッスンの内容に満足いっていないのかな？」と不安になるくらいでした。こちらが、その旨をお伺いしても、「楽しいです」と笑顔なしで答えてくださる（笑）……そんな感じでした。

レッスンが進んでいく中で、彼女は恋人が欲しいけれど、なかなかできないと悩んでいることを知りました。今度、知り合った人とデートに行くと言っていたので、もしこの調子で、その男性に笑顔も向けずにいたら「デート楽しくなかったのかな？」と思われてしまうかもしれません。

だから、彼女には徹底的に笑顔で話すという練習と、何かしてもらったときに、大げさに喜ぶ練習（ロールプレイング）をしてもらいました。

なぜ、ロールプレイングをしたのかというと、長期のお客様だったので、私が何回めかのレッスンのときにプレゼントを用意してお渡ししたら、「あ、どうも」的な感じで、真顔のまま、そのプレゼントをバッグにしまわれたのです。

もう、彼女のことをわかっていたので、悪気がないのは百も承知でしたが、これを、まだ性格のことまで知らない初デートの男性にやってしまったら、うまくいくものもいかないのではないかと思い、プレゼントを渡すふりをして「わあ！　嬉しい！」と喜び、「開けていい？」とワクワクしながら開ける、という練習をしてもらいました。

そうしたら、私のほうがものすごく嬉しくなるような笑顔でやってくださったのです。ロールプレイングではありましたが「こんなに喜んでもらえて、プレゼントを渡してよかったー♡」と勝手に嬉しくなりました。もともと可愛い方でしたが、何倍も可愛く見えました。

心で嬉しいと思っていても、それをちゃんと表現しないと、なかなか伝わりません。**喜ぶことで、相手はもっと喜ばせたいと思ってくれますし、もっと自分のことを好きになってくれます。**

「喜ぶときは3割増し♡」を心がけると、自分の喜びが相手にダイレクトに伝わります。

●「ありがとう」は愛が溢れ出す魔法のことば

「ありがとう」をいつもの3割増しで言ってみることで、「愛嬌力」が上がります。笑顔でありがとうと言われると、とっても嬉しいですよね。そのオーラはまわりを幸せにします。

「言霊」とは、言葉に宿っている不思議なエネルギー。その中でも「ありがとう」はとってもいいエネルギーを放つ言葉です。

この言葉を自分からたくさん発することで、愛のエネルギーを出すことができ、たくさんの人に愛を伝えることで、自分がもっともっと愛されるようになるのです。

コンビニの店員さんに、タクシーの運転手さんに、愛する家族に、友人に、同僚に、たくさんの「ありがとう」を届けることで、自分がどんどん愛されていくから不思議です。

「愛嬌力」を高める3つの「3割増し♡」。忘れずにいると、面白いほど「売れる私」「愛される私」になっていきます。

笑顔と愛嬌♡
愛を伝えると、自分がどんどん愛されていく。

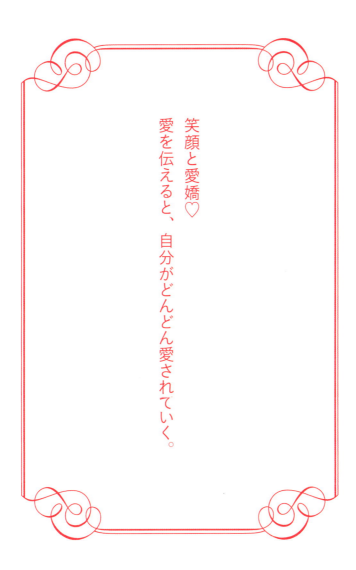

第3条　種を撒き散らかす気持ちで

私の著書ではよく、「軽く投げる」ということを書いているのですが、これは「なんでも、とりあえずやってみる」という意味で使っています。

みなさん、失敗するのをおそれて、本当はやりたいけど、失敗するくらいならこのままでいいか……と思っていることがたくさんあるとお聞きします。

でもね、じつは失敗してもいいんです。

失敗ってただの情報だから、失敗したなら、もう1回投げてみればいい。

よく「これをやったら本当にうまくいきますか？　私にこの方法は合っていますか？」と聞かれるのですが、そんなことは、やってみないとわかりません。

私にとってはうまくいく方法だったとしても、それが誰にでも通用するということはないですよね。だから、いいと聞いたこと、よさそうだなと思ったことは「軽く投げる」の精神でどんどん投げてみる。

投げてみて当たらないと、みなさん、「投げた私が悪いんだ……」と自分を責めてしまうのですが、そうではなく投げた球が自分に合っていなかったのか、または投げ方が違ったのです。当たらなかったのなら、球を変えてもう一度投げてみる。あるいは投げ方を変えてみる。

一度当たらなかったからといって、投げるたびに落ち込まないというのがとっても大切です。

そして、もう一つ。先日お会いした読者さんに、私の軽い投げ方をお話したら「そのレベルで軽く投げるんですか？」とびっくりされていました。

私は、昔から自分のセミナーなどを開催するとき、まずは大枠を考えて日程を決め、すぐに告知を出し、申し込みを受け付けていました。申し込みを受け付けながら中身を練り、会場を予約するのです。
もちろん、今のような数十人、数百人規模となると、場所を押さえてから告知を始めますが、10名以下であれば場所が探しやすいので、告知してからでも間に合うことが多いのです。

みなさん、中身を練りに練って、これでいいかな?、でもこれでは申し込みが来ないかな? なんて思いながら勇気が出ず、告知開始にまで至らない……ということってありますよね。でも、申し込みを始めてしまえば反応を見られますし、それで内容を少し修正したりすることもできます。なんでも、やりながら調整して考えていくのです。

「球を軽く投げる」を超えた、「種を撒き散らかす」勢いです。

私がなぜうまくいったか……私の球数は、普通の人の何倍にもなると思います。当たらなかったサービスや、申し込みが来なかったメニュー、一人しか来なかったセミナーなど、これまで何度もあります。

球を投げるというと、みなさん球をピッカピカに磨いて渾身の一球を投げたくなりますが、もうここは、タネを撒き散らかすくらいの気持ちで♡

もっともっと、「とりあえず、やってみる♡」で、いろんなことにチャレンジしてみてください。

自分にもっと挑戦するチャンスをあげてください！

第4条　全員に好かれることを諦める

昔、母親に言われた言葉で強烈に印象に残っているものがあります。それは、「自分のことを好きな人、嫌いな人、半分半分」です。

「そのときは、半分も私のこと嫌いなの!?」と不安になりましたが、「みんなに好かれる必要はないよ」ということを、母親は言いたかったのだと思います。

自分のことを嫌いな人がいると傷つきます。でも、それは自然なことなのです。好きな人もいてくれるなら、嫌いな人もいるのです。なんだってそうですよね。

・赤という色が好きな人、嫌いな人
・本が好きな人、嫌いな人

・運動が好きな人、嫌いな人

すべてのこと・ものに、好きな人もいれば、嫌いな人もいます。

自分だけが、すべての人に好かれようなんて、できないのです。

そして、できるだけ多くの人に好かれたい、嫌われたくないと思うあまり、遠慮しすぎてしまったり、相手に意見を合わせてばかりいると、「自分」をどんどん見失っていく原因になります。「自分」を本気で生きられなくなります。それでは、本末転倒ですよね。

「自分のことを嫌いな人」を数えるよりも、「自分のことを好きと言ってくれる人」を数えましょう。

ネガティブなことを言われると、そっちにばかり思考がひっぱられてしまい落ち込みがちになりますが、じつは自分のことを「嫌い」という人よりも、「好き」といってくれている人のほうがきっと多いと思います。

その人たちのことを思い、感謝したほうが人生はもっと楽しくなるはずです。

「嫌われないように」という思いで、自分自身を押し殺すのはもうやめましょう。

自分が生きたいように生きればいい。
離れていく人は、きっと自分の人生に必要のない人です。
縁があれば、またつながるから大丈夫。

自分の時間は限られています。だからこそ、好きな人といる時間を大切にしたいですよね。嫌いと言ってくる人のことに気を取られて、その大事な時間を使うだなんて、それって「人生の無駄遣い」です。

自分らしく生きられない時間は、人生のロスタイム。
人のことを気にせず自分らしく♡

第５条　ワクワクに敏感になる

一緒にいたい人、会ってみたい人……多くの人からそう思われる人の共通点を探ってみると、それは「いつも楽しそうにしている人」でした。

いつもニコニコ楽しそうにしている人のところに、人は集まりたくなるし、会ってみたくなります。

逆にいつも不満ばかりで暗い人に「会いたい！」と思う人は少ないでしょう。

だから、まずはワクワクに敏感になることを私はおすすめします。

とりあえず、楽しいことがとくにないなというときでも、「楽しい！」ことを見つけて、「楽しい」を味わうのです。

そう、ワクワクにもっと貪欲になりましょう。「私の人生、こんなもんか」からは卒業です。あなたの人生には、もっともっと楽しくてワクワクすることがたくさんあります。

「スタバの新作を飲みに行こう、ワクワク」とか、「今日は好きなあのドラマがある日だ、ウキウキ」とか、一つひとつていねいに拾っていくと、たくさんたくさんあると思います。それを逃さず、しっかりと味わう。

楽しいところに人は集まる——。

だったら、自分が「楽しんでいる」ことが一番大事なのです♡

失敗はただの情報だから、
失敗したら、もう一度球を投げればいい。
「種を撒き散らかす」くらいの軽い気持ちが大事♡

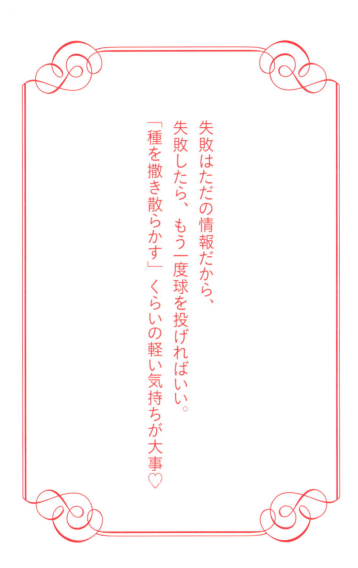

第6条　昔のポジショニングをひきずらない

「私はこういうキャラじゃないし……」

「私は、前に出るタイプじゃないから……、目立つタイプじゃないから……」

と、遠慮がちになってしまうことってありますよね。


それが自分にとって心地よいのならいいのですが、本当はもっと違うキャラになりたいなーと思っているのに、自分の中で「私はこれくらい」という一線を決めていて、その枠内に収まっている人って、たくさんいると思います。

そういう人たちを見ると、

「学生時代のポジショニング、ひきずっていない？」（ブルゾンちえみ風）

と、心の中で思ってしまう私です。

私たちが学生だったころ。今のように「学校カースト」のような言葉はなかったですが、なんとなくそれに似た、自分のポジションを決めるような雰囲気はあったように思います。

それが一度決まった後に覆すには、進学して別の学校に行くとき、「高校デビュー」とか「大学デビュー」とかで一念発起しないと変えられない、私はそんなイメージでした。

それに高校デビューなんて言葉も、あまりポジティブな印象はなくて、「あの子、高校デビューでしょ」って思われたらヤダなと思っていました。

それくらい、学校でのポジショニングを覆すのは、勇気がいるし大変なことだと思います。

そして、そのポジショニングをなぜか、社会人になっても大人になっても、なんとなくひきずってしまうということがあると思うのです。

「私はこれくらいのポジション」という、無意識の位置どりを、大人になっても学生時代と同じような基準でしてしまう……そんな人は私に限らず多いと思います。

子どものころは、自分で選ぶことのできない、そしてなかなか抜けることのできない「学校」という世界の中で、生き抜かなければなりません。そこにはいろんな人がいて、居心地の悪い人もいるでしょう。

でも大人になった今は、自分の身を最高に居心地がいい場所に置き換えることが簡単にできます。

居心地がいい場所だったら、学生時代のポジショニングなんか引きずらず、自分が一番輝ける場所で、楽しいポジションで、人生を楽しむことができるのです。

第7条　上っ面のポジショニングやマウンティングはしない

私の本の内容や考え方に共感してくださった方々が、とても嬉しいことに、ご自分のことを「ヨシミスト」とＳＮＳなどで名乗ってくださっているんです（村上春樹さんの読者の方々が「ハルキスト」言われるように。恐れ入ります……）。

そういった中で、「ヨシミストみたいには、キラキラできません」「キラキラ女子になるの、もうやめました！」という声が聞こえてくるのですが、この言葉たちにいつも違和感を覚えていました。

まず、「キラキラ女子」ってなんでしょう……。

「キラキラ」を辞書で調べると「光輝いている様」。私は自分が好きなことをしたり、人生を楽しんで生きていると、どんどんその人が輝いていくことを知っているので、そういった自分自身を楽しんでいる人、輝いてる人というイメージでした。

でも、SNSで見る「キラキラ女子」というのは、なんとなくネガティブなイメージというか、表面的な派手さや煌びやかさを言っているのかなと思いました。

人のキラキラに反応するということは、自分がキラキラしていないということになります。

自分が自分のスタイルで輝いていさえすれば、違うスタイルの輝きも「ステキだねー♡」となるのです。

輝いている人たちは、外面でも内面でも、自分を満たしていることが多いので、人のキラキラも「そっちもいいね♡」となるでしょう。

外見だけで世界を分けてしまうのは、とてももったいないなと思います。それこそ、学校時代のポジションをなんとなく引きずっていると言えます。

派手な格好をしている人たちは派手なグループ……というような風潮、学生時代にはありましたよね。

私の今一番仲のいい友人は、私とはファッションスタイルがまったく違っていて、「学生時代に会っていたら、絶対違うグループだったよね」なんて笑って話しています。

でも今は、それぞれのスタイルを認めあえるし、「○○ちゃんぽいね♡」と、お互いのセンスを褒め合っています。

上っ面のポジショニングやマウンティングは、今すぐやめちゃいましょう♡

外見に関しても、自分の「好き」に正直になって自分を満たしていれば、違うスタイルの人をとやかく言ったりすることがなくなるはずです。

自分のスタイルに自信を持つ。そうすれば、人のスタイルも「ステキだね♡」と言えるようになります。

学生時代のポジションを引きずらない。
大人になったら自分が楽しいポジションで、
人生を楽しむことができる。

第3章

「売れる私」になる必殺テクニック

褒め上手は自然に愛される

「この人、いろんな人から好かれているな。モテているな♡」という人を観察していると、そういう人は決まって人を褒めるのがとても上手です。


そして会って数秒で、その人のよいところを見つけ、すぐに褒めます。

「肌、キレイですね、髪色がいいですね、爪が可愛いですね、靴がステキですね」

細かいところまで目を行き届かせて、すぐに言葉にしています。


初対面の人に会ったとき、自己紹介が終わると、そのあと会話が続かない……なんてことありますよね。そういったとき、さっと相手のよいところを褒めるだけでも会話が弾みますし、相手にとてもいい印象をもってもらえます。

先ほど挙げた褒めるポイントのほかにも、着ている洋服のことや、あとは名刺を褒められる方も多くいます。

もらった名刺の裏側までしっかりと見て、デザインや紙質のことに触れたり、事業内容が書いてある場合は、「このお仕事は具体的にどんなことをするのですか？」と質問することで、相手に興味を持っていることを伝えることができます。自分に興味を持ってもらって、イヤな気になる人はいません。

褒めて、興味を持つ。

これをしてみるだけで、初対面の印象がぐんと上がります。

まずは、人のよいところや特徴を瞬時に見つける練習をしてみてください。

これは仲のいいお友達や家族やパートナーにも使えますし、効果テキメンです。

「今日の洋服ステキだね♡　今日の髪型すごくカッコイイ！」

今日のステキなところを一つ言われるだけで、私はとてもいい気分になります。これはきっと誰でも同じです。

まわりの人をいい気分にできる人は、愛される人です。ぜひやってみてくださいね。

会話を盛り上げるために「笑い」を入れよう

会話を盛り上げ、楽しく話すために、面白いことを言わなきゃと思うと、プレッシャーですよね。みんながみんな、お笑い芸人さんのように面白いことを言えるわけではありません。

そんなときに**会話を盛り上げる私の必殺技を、みなさんにお教えしましょう。**

それは「自分が先に笑う」というものです。

人は、相手が笑うとつられて笑ってしまうものです。だから、会話をしながら自分が少し面白い話をしたときに、人が笑ってくれるのを待つのではなく、自分が先に笑ってしまうのです。そうすると99パーセント、相手も笑ってくれます。

面白いことを言って、相手に笑いの評価をもらおうとするのはプロの技です。一般人の私たちは、そこまでのクオリティーを求められると大変です。
そんなときに、とても使えるテクニックなんです。これは、人前で話すときも私は使っています。1人、ノリツッコミのような感じ。そうすると、会場のみなさんが私につられて笑ってくださるのです。

講演会などで、人の話を何時間も聞いているだけというのはかなり疲れますが、「笑う」というアクションが入ると、じっと聞いているときよりもはるかに楽しく聞くことができます。

でも、プロの芸人さんのように、人を笑わせるテクニックまでは持ち合わせていない。そんなときに、自分が先に笑ってしまうという技を使うことで、長い話にも、アクセントが入り、聞きやすくなるのです。

「私は話がうまくないから、会話することに自信がもてません」という方がいるかもしれませんが、「話し上手」ならぬ「会話上手」になるには、話す能力よりも聞く能力のほうが大事だったりします。

一流の営業マンはとにかく「聞く」ことがうまいということをよく耳にします。クライアントの言いたいことを話させてあげること（たとえば自慢話や悩みに至るまで）をすると、話した人はとてもいい気分になるし、相手を信頼するのです。

自分の話を親身になって聞いてくれたり、「すごいですね！」とものすごく興味をもってもらえたりすると、人は気分がよくなりますよね。それだけで、「話してよかったな」と思うし、いい時間だったなと、その会話への満足度が高まります。

話し下手だという人はもちろんですが、話すのが大好きという方も、「聞く」ということを意識しながら会話を進めていくと、どんどん「会話上手」になっていくと思います。

「聞く」ときのテクニックとして、ただ黙って聞いていると、話している相手も「本当に聞いているのかな？」と不安になってしまうので、「笑顔」と「相槌」はとても大切です。

先ほども話したように、話しているときに相手が真顔のままだと「私の話、つまらないのかな」と不安になります。真顔で聞く内容であれば別ですが、普通の会話であれば、ぜひ「にっこり微笑んで」聞くことが大切です。

そして「相槌」。目の前にいるならば、首を「ふんふん」と振るだけでも相槌になります。その途中で「そうかー、それでそれで？」と、次の展開を待ち望むような相槌を入れたり、「ふんふん、〇〇ということですね」と、相手の会話の中の大事なところを復唱することで、会話に花が咲いてきます。

このテクニックは恋愛でも使えます。

初デートのとき、ついつい自分のことを知って欲しくてたくさん話してしまいそうになりますが、最初は話を聞くようにし、相手にたくさん話してもらったほうが印象がよくなります。

私も、最初のデートでは相手の話をたくさん聞くようにしています。そして**「なんで、会ったばかりなのにこんなに話しちゃっているんだろう」と思わせたら合格で**

す！　いつもは話さないような深い話をしてしまったということは、この人は自分にとって特別なのかも！　と男性は思う確率がとても高いから。

そして、聞き上手になって愛されるとっておきの方法をもう一つ。目上の方や男性と会話をするとき、相手が自分の知っていることを話したとしても、「それ、私も知っています！」とわかっていることをアピールせず、初めて聞いたかのように「すごく勉強になります！」と素直に聞くように心がけることです。

自分が上の立場で話しているとき、「それ知っています！」と言われるより、素直に「勉強になります！」と聞いてもらえたほうが、「もっといいこと、教えてあげよう！」と思いますよね。会話をするときは相手の立場に立ち、自分だったらどうされたら嬉しいかを考えると、うまくいきます。

昔、友人が主催している出会い系パーティーのようなものに居合わせたことがありました。そのときに、1人参加の女性と2人組の男性のテーブルに座らせていただいたのですが、女性の反応にびっくりしたんです。

どうびっくりしたかというと、彼女は、男性が話していることに、驚くほど反応しない。で、関係ない私が必死に話を拾うという感じでした。彼女はとてもおしゃれで見た目もステキな方なのですが、「彼氏できないー」と言っているのは、この反応のせいではないかと思ったのです。

彼女はその2人の男性が好みのタイプではなかったから、そういう態度をとっていたのかもしれませんが、人とコミュニケーションをとるのに、やはり「反応がいい」は必須だなと感じたのでした。

「好きな人の前でだけ、愛想をふりまけばいいじゃん♡」と思われるかもしれませんが、やっぱり、とてもステキな人と会ったとき、それがいわゆる本番ならば、練習もとても大事なのではないかと思います。

また、ステキな人は、自分以外の人への反応もきちんと見ていると思います。お店の方に対する態度とか、後輩に対する態度……そういうところをしっかり見ている男性って、意外に多いのだなと、話を聞いていて思うのです。

私たち女性も、お店の人に偉そうな態度で接している男性を見ると「ちょっと……」と思ったりしますよね。だから、どんなときでも、反応のいい自分でいることがモテる秘訣だと私は思います。「話し上手より、聞き上手♡」ぜひ、試してみてください。

それから電話で話しているときでも、相手が真顔でしゃべっているのか、笑顔でしゃべっているのかわかりますよね。そうなんです。笑顔って声に表れるのです。

先日、デリバリーの注文電話をしたのですが、電話口に出た女性が、とても感じよく、はじめてのお店でしたが、まだ品物も届いておらず、食べてもいないのに、電話を切ったそばから「ここ、またリピートしよう！」と思ったのです。

顔が見えなくても、こうやって好印象を与えることができるのだから、会っているときはさらに、顔の表情や声の感じは印象を左右します。

笑顔で、感じよく、61ページの「3つの3割増し」を意識すると、とても効果的です。

そして自分が喜ぶとき、「あなたのおかげです！」ということを、きちんと伝えることも、ものすごく大事だなと思います。

「あなたのおかげで」と言われると、とても嬉しくありませんか？　私はこの人をこんなに喜ばせられたんだと思うわけです。だから、自分も「あなたのおかげで」「みなさんのおかげで」「おかげさまで」を、たくさん伝えましょう。

パートナーに、「すごいね！」と褒めてもらったときも、「ありがとう。○○君がいつも応援してくれるおかげだよ」と、「ありがとう」と「おかげさまで」をセットで言うことが大切です。

これは、どんなときでも、「おかげさまで」を言おうとすることで自分の中で「感謝」の気持ちが溢れ出してくるので、「ありがとう」の気持ちもより強くなるのです。

仕事などでも、うまくいったときには必ず、誰かの助けや応援があったはずです。自分1人では成し遂げられなかったでしょう。

褒められたときには「おかげさまで」にきちんとフォーカスし、それをきちんと伝えると、自分にもまわりにも、とてもいいエネルギーが流れるようになります。

私はＳＮＳでも「おかげさまで」を伝えるようにしています。私がこうやって長くブログを続けてこられているのは、いつも読んでくださるみなさまがいらっしゃるから。

ついつい自分本位になりがちですが、みなさんに応援していただいていること、支えていただいていることを常に思い出して、そしてＳＮＳ上でもお伝えするようにしています。

褒めて、興味を持つ。
笑いを取り入れる。
まわりの人をいい気分にできる人は愛される人♡

自分の笑顔を客観的に見てみる

私は常に、自分を客観視することを心がけています。これは、自分のことをプロデュースするのに欠かせないことだと考えているからです。

自分をどれだけ俯瞰して見られるか。それが自分を上手にプロデュースする鍵だと思います。その俯瞰する方法は、２つあります。

●内面

自分の考えをとにかくノートに書き出します。ノートに書き出すということは、自身の中から自分の考えを一旦外に出すということ。それを見るということは、自分の考えを客観視できることになります。

だから、考えを整理するためにも、頭の中でぐるぐる考えるだけではなく、定期的にノートに書き出すことによって、「私はこういうことを考えているんだ」と再認識することができます。

●外見

私は、ありのままの自分をきちんと見たいと思っているので、俯瞰用の白撮りは真顔と笑顔の両方撮ります。そして、すっぴんと化粧顔も両パターンで撮ります。

さらに、自分の顔を客観的に見るのです。加工はしませんし、いい感じで写る角度ではなく真正面で撮って、自分の顔をしっかりと研究します。

それで、最近目が小さくなってきたなとか、頬のところがたるんできたかも……というのをチェックして、メイクの方法を変えてみたり、顔のマッサージをしたり、パックをするようにしています。

自分のことを客観視できると、どう見られているかがわかってくるので、自己プロデュースがしやすいのです。

人と人をつなげると自分の縁もつながる

「この人、売れているな。人気があるな」と思う人の共通点のもう一つに、「人と人をつなげるのがうまい」というものがあります。

私も、たくさんの方から、たくさんのステキな方を紹介していただきました。そのご縁で素晴らしい仕事にも恵まれたし、よき友人関係ができたことは言うまでもありません。

私も、誰かと話していて、「この方と、あの方がお会いしたら、ものすごく仲良くなれそうだな」と思ったら、双方に「どうですか？」と聞いてみます。

私のする紹介は、すぐ仕事になるということではなく、人間的にこの方々は合うだろうなと思ったときに、３人で一緒にランチでもどうですか？　というかたちで、気軽にお誘いするようにしています。

どちらかに、「あの人と会ったら得しそう」という、損得勘定があったりすると、紹介したことを後悔することになりかねませんから、私はファーストミートをセッティングするだけで、そのあと、もっと仲良くなれるかというのは、先方同士にお任せしています。

「今度Aさんとランチをするけど、Bさんと違って3人でお会いしたらもっと楽しいかも!」と純粋に思ってそうしただけなのですが、ステキな人同士をご紹介すると、双方からとても感謝され、本当に嬉しい気持ちになります。

そして、私にも「ステキな方がいるんだけど、よかったら会ってみませんか?」と、新たな出会いをくださるのです。

もう、「ステキな出会い」の循環です。

紹介されたとき「ちょっと違うな」と思うこともあると思います。そういうときは、無理して会うのではなく、お断りしていいと思います。

私も、よかれと思ってやったことでも、相手にとってはそうでもないかも……ということも考え、お断りしやすいように、日時をあらかじめ決めておいてお誘いすることが多いです。

ただ「会いませんか？」というお誘いを断ると「会いたくないのかな……」と思われそうで気が引けますが、日時が決まっているなら、「その日は都合が悪いので」と断りやすいですよね。

自分が紹介するときには、そういった配慮をしてお誘いするように心がけています。

内面も外見も、
ノートに書き出したり写真を撮ったり……
自分のことを客観視できると、
自己プロデュースしやすい。

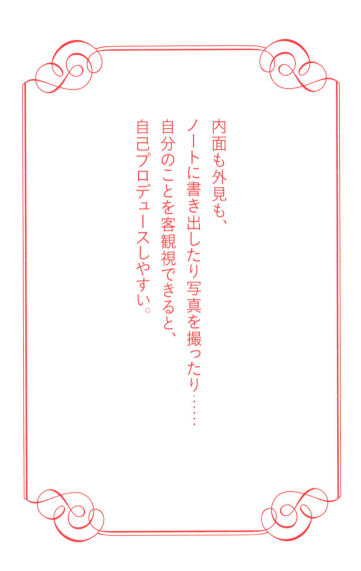

キーワードを決めて自分をスタイリング

みなさんはファッションに気を使っていますか？

先ほど「人を上っ面で判断して勝手にポジションを決めない」ということを言いましたが、やはり印象自体は外見が大きく左右します。

アルバート・メラビアン博士が提唱した有名な「メラビアンの法則」。人の行動が他人にどのように影響を及ぼすかという実験で、話の内容などの言語情報は「7％」、口調や話の速さなどの聴覚情報が「38％」、見た目などの視覚情報が「55％」の割合でした。

そうです。人が何を話しているのかという内容は、ほとんどその人の判断基準にならないのです。「何を言っているか」というよりも「誰が言っているか」ということのほうが、大事なのだということがわかります。

だからこそ、**外見、スタイルは、相手の印象を決めるためにとても大事なツール**。使わない手はありません。

あなたは、相手からどのように見られたいですか？　ちょっと考えてみてください。大きく３つのカテゴリーに分けてみました。この中でしたら、どのキーワードが自分に一番しっくりきますか？

♛シンプルカジュアル系
♛ふんわりエレガント系
♛大人キリッと系

これは、かなり大きなくくりですので、この中でまたたくさんのファッションスタイルに分かれていくのですが、自分は大まかにどれかな？　ということを考えておくと、自分のスタイルを決めるときに役立ちます。

よく「ギャップがある」という言い方をしますが、このギャップも、普段決まったスタイルがないと、ギャップがあるのかないのかわかりません。

ですから、「ギャップ」をうまく使うためにも、日頃自分のスタイルを決めておくのはとてもいいと思います。

そして、自分のスタイルが決まっていると、その系統で洋服を購入できるため、持っている洋服の中でコーディネートがとてもしやすいのです。バラバラの系統の洋服ばかりだと、なかなかコーディネートしにくいので、経済的にもとてもいいと思います。

キーワードだけでは、どれが好きなのかわからないという方は、ぜひ自分の好きなスタイルやコーディネートの写真を雑誌から切り抜いて集めてみてください。ネットから探し出して、ウェブ上でコラージュしてみるのもいいと思います。

そうやって好きなものを集めてみると、「私、こんなスタイルが好きなんだ！」と自分を発見できるのです。

私がパーソナルスタイリストの仕事をしていたときも、最初のカウンセリングで「どんなスタイルがお好きですか？」と必ず聞いていました。

そのときに「可愛い感じが好きです」とおっしゃっていても、雑誌をお渡しして「ここから好きな雰囲気を選んでみてください」とお願いすると、可愛いというよりも大人っぽくてキリッとした感じの洋服がじつは好きという方もたくさんいらっしゃいました。

そう、頭でイメージするよりも、写真でしっかりと確認すると、「好き」の具体的内容が浮き彫りになってきます。

その中で、この人のセンスすてき！　という憧れの人が出てきたら、最初はその人（できれば自分と雰囲気が似ている人のほうがいい）のマネから始めてみるといいでしょう。

おしゃれな人というのは、別のおしゃれな人のいいところを取り入れるのがとてもうまいのです。料理がうまい人は、レストランでプロがつくったものからヒントを得たり、テレビで見た盛り付けをすぐ取り入れたりしますよね。そんな感じです。

でも、最初から要領よく取り入れるのは難しいと思うので、まずは「いいな」と思う人を数人決めて、マネしてみるところから始めてみましょう。

マネはオリジナルをつくっていく、はじめの一歩です。

眉の形やアイメイク、髪の色や髪型……なんでもいいので、やれるところからマネしてみるのです。私も「ステキだな♡」と思う人がいたら、その人のメイクをじっくり見て、すぐ取り入れてみたりしています。

似合うか似合わないかは、やってみなければわからないので、とりあえずチャレンジです。そうしていると、流行りの顔をこまめに更新できることになるので、流行遅れの顔になりにくいという利点もあります。

憧れの人は1人でなくてもかまいません。慣れるまでは1人の人を徹底的にマネしたほうがわかりやすいですが、慣れてきたら何人かの人のいいところを少しずつ自分に取り入れてみることをおすすめします。

憧れの人の「いい！」を自分で試してみることは、とっても大事です。
「売れる私」になるには、日々「私」による〝人体実験〟が必要不可欠なのです。

メールでも愛されよう

今はメールでの連絡が、電話での連絡よりも必須なツールですよね。文章って、ぶっきらぼうになりがちだから、ここでも相手にいい印象を与える方法を覚えておきたいところです。

●書くときは話すよりも2倍ていねいに

メールは基本、活字で送られます。手紙のように手書きの文字から相手の印象が汲み取れるということもありませんし、ましてや電話や直接会うときのように、笑顔を見せることもできません。

だから、普通の言葉では、冷たく感じ取られてしまうことがあるのです。なので、**メールは会話をするときよりも、2倍ていねいに送ることを私は心がけています。**

●「ですかね？」をメールでは使わない

私がメールをいただいて、たまに気になるのが、「〇〇ですかね？」という言葉遣い。話し言葉をそのままメールに打つと、私もこうなりがちですが、「〇〇でしょうか？」に直すようにしています。

●わかりやすいように工夫する

1通のメールでたくさんの要件を伝えたい場合は、ただつらつらと書き流すのではなく、メール本文の中で見出しをつけるようにするとわかりやすいと思います。

例えば

・先日送っていただいた原稿について
・メディア掲載の件
・来週の打ち合わせのこと

というように項目ごとに分けて本文を入れていくと、読むほうもとてもわかりやすくなります。

●メールも自分をアピールするツールになる

いつ誰に自分のことを知ってもらえるかわかりませんので、メールの最後に書く自分の名前（署名の情報）に、自分のメディアのURLも付けておきましょう。

私も自分の会社名、名前、メールアドレス、会社住所、電話番号のほかに、会社のホームページ、自分のブログ、ビューティリアのホームページなど、たくさん載せています。

ブログには、「やっぱり『私』が一番楽しい！」というようにタイトルも載せて、初めて見た方が、ちょっと読んでみようかなと思う可能性が高まるようにしています。

ステキだな♡ と思う人がいたら、
すぐ取り入れてみる。
似合うか似合わないかは、
やってみなければわからない。

第4章

自分のメディアをつくろう

ＳＮＳで自分のファンをつくろう

私は起業してからずっと、ブログやフェイスブック、インスタグラムなどのＳＮＳを使って仕事をしてきました。

今は、仕事ではなくプライベートでこのＳＮＳを使い、毎日を楽しまれている方もたくさんいらっしゃいますよね。

ＳＮＳは「自分のメディア」が簡単につくれる夢のようなツールです。

昔であれば、「自分を発信する」となると、テレビに出たり、出版したり……と、とても大変でしたが、現在は本当に手軽に、自分の考えやライフスタイル、ファッションスタイルなどを世界中に発信できるようになりました。

このインターネットを使ったメディアは、本当にすごいです。ふつうの私に「ファン」ができてしまうのです！

ファンといえば、芸能人とか歌手とかスポーツ選手とか、そういった有名人など特別な人に集まるという意味合いでしたが、今の時代はその限りではなく、一般人の方にも、ファンがつくようになりました。

私は、起業の準備段階からずっとＳＮＳを活用してきました。毎日のようにブログを更新し、伝えたい情報を繰り返し発信することで、日本全国からお客様がきてくださるようになりました。

「ファン」になっていただくと、場所や値段で選ばれるというよりは、発信しているのが「あなただから！」とか、ほかの人ではなく「あなたから買いたい！」というように、お客様のほうから「私」を選んでくれるようになります。

そして無理に売り込んだり、アピールする必要はなく、欲しいと思ってくださりそうな方にお知らせするだけで、商品やサービスを申し込んでもらえるようになります。

SNSを、お友達同士の近況報告用だけで使っている方もいるでしょうが、ここでは、この「自分メディア」を使って「売れる私」になる方法をお伝えします。

●「自分メディア」のテーマを決める

まずは、発信するテーマを決めるところから始めましょう。

あなたはこのメディアを通して、自分の何を伝えたいのでしょうか。そのテーマをおおまかに決めましょう。知らない人のただの日記を、人は見たいとは思いません。

・自分のファッションコーディネート
・おしゃれなライフスタイル
・美味しいお料理のつくり方
・前向きになれる考え方
・ダイエットの秘訣
・子育ての困りごと解決策

などなど、なんでもかまいません。もちろん、ほかのことを書いてもいいのですが、みんなが読んでみたいと思うテーマかどうかで、「売れる」「売れない」が大きく違ってきます。

このテーマは、いったん決めても、あとで変更できます。ですから深く考えすぎないように、自分の頭の中でざっくりと決めて、まず始めてみることが大切です♡

●使うメディアは何にする？

ＳＮＳの種類はたくさんあります。私が主に使っているのは「ブログ」「インスタグラム」です。「ツイッター」と「フェイスブック」は、ブログの更新情報だけが流れる形になっています。

私のメディア作戦は、こんな感じです。

ブログがＳＮＳのホームのような存在であり、フェイスブックやインスタグラムはそのフロント的役割を担っています。

ブログには、自分の考えや伝えたいこと、本に書いているマインド系のことを、1日に1、2記事、更新しています。

インスタグラムは、コーディネートや毎日のワークスタイルなどを切り取って発信するようにしています。

◎ブログ

ブログは、情報を大量に発信できます。つまり、たくさんの文章や写真を載せられるので、私は自分のメディアのホームのような存在として使っています。

ブログはインスタ、フェイスブック、ツイッターと違って、友達になったりフォローしたりしてもらえば相手のフィードに上がってくるというものではなく、閲覧者が自らそのブログにアクセスして見にいかなければならないというツールです。

ですから、見てもらうのにそのブログを「見に行く」というワンアクションが必要になります。

そういった意味でも、このメディア自体を育てるのに、ほかのものと比べて労力や時間を要しますが、一度ファンになってもらったら、多くの情報をお伝えできるし、ホームページのように自分のものとして持つことができるので、そのページ自体を自分らしくカスタマイズすることができ、ブランディングもしやすいのでオススメです。

◎インスタグラム

今、若い女性たちに大人気のインスタグラムは、日常を切り取り、写真を中心に投稿していくツールです。文章よりも写真がメイン。ブログより手軽で簡単に投稿できます。

ファッション系やおしゃれな生活をされている方は、インスタグラムを使うと多くの方にファンになってもらえる確率が高まります。

●とりあえず始めてみよう

「書くことが決まったら始めよう、準備がととのったらやろう」という方が多いかと思いますが、私はパーソナルスタイリストの勉強を始める前に、「どなたでも、お客様

のお買い物についていきますよー。私、たぶんおしゃれなので」的なブログを、見切り発車で始めました。（笑）

結局そのブログは、誰の目にとまることもなく閉じられてしまうのですが、私はそこから細々書いていたブログに、パーソナルスタイリストの仕事を始めたことを書き始めました。自分のコーディネートの世界を発信し、数カ月後には現在のブログのアカウントを新たに開設して、今に至ります。

最初は見切り発車でいいのです。始めてみないとわからないのですから。私も、「人に洋服を選んであげる」という仕事をしたいなと思いつき、すぐに、それ専用のブログを開設してみました。

それを書いても結局誰にも読まれなかったのですが、「ブログ」という場所にアウトプットしてみることで、自分が本当にやりたいことが見えてきたように思います。

それで、個人向けスタイリストという仕事をやってみたい！　という気持ちが高まり、パーソナルカラーや骨格診断の資格も取得して、心機一転、新しいブログを立ち上げたのです（現ブログ）。

自分のやりたいことだけをぐるぐる考えているうちは、なかなか考えがまとまらないものですが、それを何でもいいので行動に移してみると、新たな思考やアイデアが生まれたり、新しい未来のビジョンが見えたりしてきます。

だから、一人で悩んでいる間に、まずは始めてみましょう。え、恥ずかしいって？大丈夫、メディアといっても最初は誰も見ていませんから。（笑）

考える前に、まずアカウントを取得して始めましょう。まだ何も書くことがないと思うなら、なんでもいいのです。まずは自己紹介だけでもすればいいのです。

♛名前は？（ニックネームでもいい）
♛肩書きは？
♛職業は？
♛発信していきたいことは？

これは、何に対しても言えることですが、「やりたい！」と思ったら、すぐに行動に移すことが大事です。

「できるかなー、どうやってやろうかなー」と考え出すと、「本当に私にできるのかな……私に合っているのかな……本当にうまくいくのかな……」なんて迷いが出てきて、結局やらずに終わるということがとても多いようです。

そんなことにならないように、「やりたい！」と思ったら、とりあえずやってみる。あれこれ考えるよりも、何かを始めてしまうのです。

考えるのはそれからでいいのです。やりながら考えればいい。

その習慣をつけると、夢を実現するスピードが驚くほど速くなります。まず、自分のメディアを持ってみたいと思ったのなら、ＳＮＳのアカウントを取ってみましょう。

「やりたい！」と思ったらとりあえずやってみる。
その習慣をつけると、
夢を実現するスピードが驚くほど速くなる。

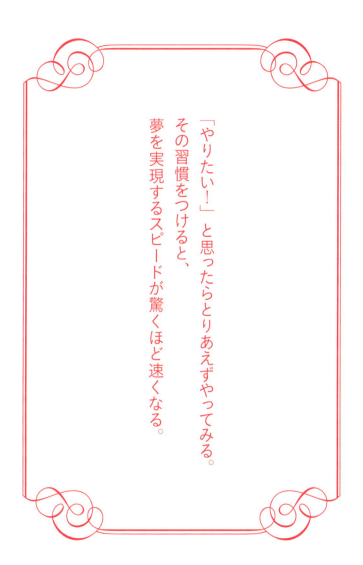

どう売れたいかを短期と長期で決める

私が起業当初、自分メディアとしてブログを始めた目的は、自分のサロンにお客様が来てほしいからでした。

大きな理想としては、「本を出したい」とか「女性の起業支援をしたい」などがありましたが、短期的には「毎月コンスタントにお申し込みがある」というのが一番でした。

そのためには、コンスタントにブログを読んでくださる方が必要と判断して、サロンのお客様になってくれそうな方が毎日読んでくださるブログを軌道にのせることが、最初の自分メディアの目標でした。

みなさんは今、「どう売れたい」と考えていますか？

それを短期的（３カ月〜１年）でかなえたいことと、長期的（数年先）にかなえたいことの２種類に分けてみましょう。

〈**短期的目標**〉

♛起業している事業で月の売上30万円を達成したい。

♛少人数のお茶会を月１回開催したい。

♛何十人ものセミナーを開催したい。

♛自分のネットショップの売上を伸ばしたい。

♛自分のお店の集客を増やしたい。

♛自分の「好き」を多くの人と共有したい。

♛同じ趣味の人たちと交流したい。

♛自分の文章が多くの方に読まれるようになりたい。

♛人気インスタグラマーやブロガーとして、定期読者が１０００人を超えたい。

〈長期的目標〉

♛ブログが大人気になり、そこから本を出版する。

♛年収1000万円を超える。

♛テレビや雑誌の取材依頼が殺到する。

♛大人気インフルエンサーとして、多くの企業から商品を紹介する仕事がたくさん舞い込む。

♛同じ趣味で集まるコミュニティをつくり、会員数が1万人を超え、企業とタイアップで事業をする。

自分の「こう売れたい」がはっきりすると、届ける先やテーマが見えてきて、書く内容が決まってきます。みなさんの「こう売れたい」を決めてみてください。

起業当初の私のように、5年後の目標は「出版」だけど、3カ月後の目標は「モニターのお客様が毎月5名来てくださること!」というように、第1目標、第2目標、第3目標……と段階を設けると、最終目標が達成しやすいのでオススメです。

大きな最終目標ばかり見ていると、現実と理想のギャップに落ち込みやすくなることもあります。そこで「がんばればいけるかも！」と思えるくらいの第１目標を立てて、第２、第３へと段階的に更新していきましょう。

自分が少しずつ売れていくことで目標も変わっていくので、「こう売れたい」の内容は定期的な更新が必要です。短期も長期もどちらもです。

自分が成長して達成することによって短期目標は更新されていきますし、長期目標は半年前には考えられなかった新しいものになっていることが大いにあります。

ビジョンは定期的に見直しましょう♡

自分の目標を達成した人を調べる

前項では、短期と長期の「こう売れたい」を考えていただきました。

次に自分の「こう売れたい」を、もうすでにかなえている人を探して、その内容を見てみましょう。

短期の場合は、自分より数歩先を行っている人ですね。そういう人を見つけて、その人たちのメディア活用法を徹底的に調べます。

- 使っているメディアの種類
- 更新頻度や更新時間
- 文章の書き方や写真の撮り方
- 読者層

♛ハッシュタグの使い方

自分にもできそうだなと思うことや、参考になることを積極的に取り入れます。これは１人だけでなく、何人かを参考にするといいと思います。

長期の場合も、すでに実現している人を何人かピックアップして、どのように発信しているかを見ていきます。

♛自分と同じレベルの時期に何をしていたか。
♛何を考え、どう行動して現状まで来られたのか。
♛今までの道のり。
♛誰と会って、何を学んできたのか。

ＳＮＳは時系列で情報が残っているので、昔のものまでさかのぼって順に見ていくと、参考になる発見がたくさんあります。

いざ「こう売れたい」を決めても、「この先どうしたらいいの？」と、はじめの一歩がわからないときってありますよね。

そういうときに、**経験者のやったこと、行動したことを参考にすると、自分の第一歩が踏み出しやすくなります。**

私の昔のブログも、まとまりのない文章や変なテンションで、読むと恥ずかしくなります。でも、それを見ていると、「私もこの数年で成長したな」と実感できるのです。

みなさんは「これなら、私にもできそう」ということから、トライしてみてくださ い♡

短期と長期の「こう売れたい」をイメージしたら、
自分より数歩先を行ってる人、
そのビジョンをすでに実現している人を参考にしよう♡

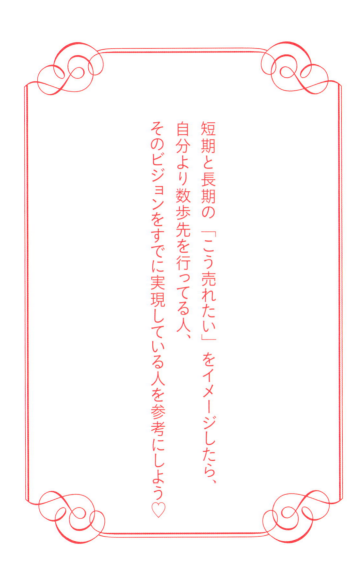

自分メディアは1日にしてならず

メディアをつくるうえで大事なのは、そのメディアを「育てる」ことです。今日始めて1週間で多くの人に読まれるメディアになるというのは、まれです。

だとすれば、どうやって育てるかということですが、基本は「毎日発信する」――これにつきます。簡単なことのようでなかなか難しいですよね。でも、とても大事なことです。

メディアを育てるには、それ相応の労力がいります。その中で、**「毎日コンスタントに更新する」ということが、育てている間は必要です**。

私もここ1年くらいは、2日ほどブログの更新をお休みすることもありますが（それもかなりまれですが）、それまでは記事を1日2、3本、毎日更新していました。

書くことが見つからないときでも、「書くことなーい！」と叫びながらも、絞り出していました。書くネタは常に探していて、思いつくとすぐにノートや携帯にメモしていました。使う写真も撮り溜めしていました。

そうやって、**更新することを日常化することで、自分メディアは急速に育っていきます**。毎日書くことで、発信力も確実に上がっていきますし、読んでくださる方も増えます。メディアとともに自分も成長していくのです。

学んだことをアウトプットする方法は、人に話すのもいいですが、メディアに書くのもとても効果的です。

たとえば一度見た映画を誰かに説明しようとすると、「あれ？　あそこのシーンってどういう意味だっけ」「このシーンの前に、たしか大切なシーンがあったような」というように記憶が曖昧なことって、けっこうありますよね。

そこで、きちんと説明しようとすることで理解度がわかり、ちゃんと伝えようとするなら、もっと理解しようと意識しながらもう一度見ますよね。そうすると理解度も上がるし、学んだことが定着します。

自分が成長してからメディアを始めるのではなく、すぐに始めて一緒に育っていければいいのです。

そうやって、アクセス数や「いいね！」の数、コメントなどの反応が増えると、「読んでくれている人がいるんだ！」と実感できて、モチベーションも上がります。

もちろん、最初は誰も読んでくれません。読者は自分一人から始まります。でも少しずつですが広がっていって、自分の考えに共感してくれる人、自分のスタイルを評価してくれる人が増えて、「ファンです」と言ってくださる方が出てくるのです。

それまで楽しく、自分を発信しましょう。

次ページの表を見ていただいてわかるとおり、私は起業したときから今日まで、他の同じような状況の人と比べると、ブログアクセスはあまり多くありません。起業して1～2年目くらいはずっと1000PV／日以下という中で集客していました。

私のSNSの歩み

2010年
司会業時代に使っていたブログで、パーソナルスタイリストとして発信を開始。その後、心機一転して新規ブログを立ち上げ、現在も続いているブログアカウントでスタート。無料モニター募集から始め、料金を半額から3割引へと少しずつ正規へ近づけていく。

2011年
年明けから正規価格でのサービスを開始。アメーバー限定記事での「あなたにぴったりの雑誌診断」や顧客へのニューズレターを開始する。全国からお客様が来てくださるようになり、レンタルサロンから名古屋駅前のオフィスビルに自分のサロンを借りる。この年にフェイスブックを開始。

2012年
離婚して一人暮らしを開始。先が見えない不安に押しつぶされそうになりながらも、泣きながらブログを書いていたことも。1日記事3本書くと自分自身にコミットしていた時期でもある。

2013年
アクセス1000～2000PV/日くらいの時期。全国からお客様が来てくださって仕事は順調。起業のコンサルティング、セミナー、著名人のイベントなどを主催し、パーソナルスタイリスト以外の仕事も展開。大阪サロンのスタッフが増える。

2014年
名古屋サロンのスタッフも増え、本格的にパーソナルスタイリストの仕事を手放すことに。ワークライフスタイリストして活動をする。このころもアクセスは3000PV程度。春にはメールマガジン開始。

2015年
1冊目の本を出版。ブログのアクセスは安定的に増え10000PVを超えるようになる。

2016年
全国で数百人規模のセミナー・講演会を開催。メルマガの会員数が15000人を超える。オンラインサロン「クラブヨシミスト」開始。

2017年
ブログには本に書いてあるような気づきのシェアを、インスタグラムにはライフスタイルを、メルマガには専属ライターをつけて私やスタッフたちのコラムを届けている。自分メディアも「そのときの私」にしっくりくる形で日々進化している。

そう考えると、アクセス数を多くすればいいということではなく、自分が読んでほしい人、自分のお客様になってほしい方に読んでいただくことが大事なのだと思うのです。

自分は、どんなテーマのことを、どんな人に発信していきたいのか、考えてみましょう♡

テーマを決めると伝えたいことが溢れ出てくる

最初に決めたテーマを軸にＳＮＳの中身を組み立てていくと、何を発信すればいいかを考えるときの指針になります。見ている人にも「この人は、こういう発信をしている人なんだな。こういう人なんだな」ということがわかってもらえて、定期的な読者になってもらえることが多いのです。

もちろん、日々の自分をすべて発信するのでもいいのですが、それだと、ただの日記となんら変わりがありません。

インターネット上にはたくさんの情報が溢れていますから、たとえ無料だとしても、みんな自分に必要な情報をちゃんと選んでいます。そういった中で**選ばれるためには、「見て元気になる！」とか「読むと役立つ！」など、何か相手に与えるものがないと、**

なかなか定期的に読もうと思ってもらえません。

ですが、それを難しく考えることはありません。自分の今持っているものの中で、誰かの役に立つことって、いろいろあるんです。

たとえばお友達に、「いつもステキな服を着ているね。どこで買ったの?」と聞かれる方は、日々のコーディネートを写真に撮って、インスタグラムにアップしてみてはどうでしょうか?

今は、「インスタグラマー」「インフルエンサー」などという言葉をよく耳にしますが、普通の主婦の方がこのインスタグラムで、コーディネートを毎日アップしていくうちに、たくさんのフォロワーがつき、企業から「当社の服を着て、インスタグラムに写真を載せてください!」という依頼が来るようになる方もいらっしゃいます。それで、月何十万円、多い方だと何百万円も収入があるのだそうです。

まさに、インスタグラムドリームです。それもやはり、自分の毎日の洋服をコンスタントにコツコツ載せていくことから始まります。まずは楽しみながら、お友達に教えてあげる感じで発信していくことがコツです。

まわりの人から「なんでそんなに、簡単そうに夕ご飯がつくれるの？」と聞かれる方は、きっと、冷蔵庫の中にあるもので、パパッとご飯をつくるのが得意なのかもしれません。そういう方は、ブログで簡単レシピをアップするのもいいかもしれないですね。そういったブログから書籍化にまでなるという話もよく聞きます。

自分が当たり前にやっていることが、ほかの人からしたら「ものすごく知りたい情報だった！」ということは、大いにあります。

ぜひ、あなたの「当たり前」を多くの人に教えてあげてください。

本をたくさん読まれていて、友人から「何か面白い本はない？」と聞かれる方は、おすすめの本をメディアで紹介されてもいいかもしれません。これはどのメディアでも喜ばれると思いますが、ブログだと、アマゾンのアフィリエイトリンクが貼れるので、ちょっとしたお小遣い稼ぎになることがあります。自分の読んだ本の感想やおすすめポイントを書いて、リンクを貼るだけです。

その後、ブログの読者の方と、お気に入りの本を持ち寄って、読書会なんてするのもいいかもしれませんね。

このように、出していくとキリがないのですが、自分の「当たり前」を知りたいという方はたくさんいます。自分のことを注意深く見て、自分のメディアの軸となるテーマを考えてみてください。

あるテーマに沿って毎日発信していると、その道のプロになっていき、たくさんファンのいる有名人になることも夢じゃない♡

見ると元気になる！　読むと役立つ！
と思ってもらえるあなたの
「好き」や「得意」を発信しよう♡

ＳＮＳに書くことを決めよう

ＳＮＳで毎日発信するというのは、読んでくださる方と信頼を築いていくことができるということです。

たとえば営業マンって、その日に契約を結べないかもしれなくても、信頼づくりのために定期的にお客様のところに挨拶回りをしますよね。その「挨拶回り」を、ＳＮＳの毎日の発信でやれてしまうのです。

毎日の発信を見ていると、「この人って、こういう人なんだな」とどんどんわかってくるので、その発信を積み重ねることで、「この人に会ってみたいな」と思ってもらうことができるようになるのです。

そうして、ファンとなってくださった読者の方に、サービスにお申し込みいただけたり、商品を買っていただけたりするのです。

ＳＮＳに書くことは、おおまかにまとめるとこんなことです。

♛自分のこと（何が好きで、どんな人生を送ってきたのか、日々の出来事など）

♛自分の思い（ビジョン、ポリシー、コンセプトなど。なぜこの発信をしているのか、なぜこの仕事をしているのか）

♛サービス情報（仕事にＳＮＳを使っている人は、自分のサービス内容を詳しく書く）

♛ターゲットが知りたい役立つ情報（読んで欲しい人が読みたくなる情報を書く）

♛日々の仕事のこと（仕事用のＳＮＳであれば、毎日のお客様の様子などを綴る）

駐車場にクルマが停まっていないレストランに入るのは勇気がいりますよね。これはインターネットで集客している場合でも同じこと。お客様が来ていても、そのことが外から見えないと、なかなか「申し込もうかな」と思ってもらえません。

ご来店いただいて施術が行われた様子を写真などを交えて紹介したり、お客様の感想を載せるのもとてもいいです。

自分が楽しく書けて、読んでもらいたい人が楽しく読めて知りたい情報を届けます。

自分のメディアの読者モデルをつくろう。
その読者に、どんな未来が待っているか、
明確にイメージしておくといい♡

自分の想いをどう届けるか

なぜ、この商品を売っているのか。

なぜ、これを伝えたいのか。

自分の根本の想いを繰り返し発信していくことが大事です。


私はパーソナルスタイリストとして起業し、軌道にのったあと、女性向けの起業コンサルタントとして活動していました。

そのとき私は、「好きなことで起業する！」ことを軸に、「見た目はふんわり♡　中身はしっかり！」という感じでブランディングし、繰り返し発信していました。

たとえばこの「見た目はふんわり♡」を一回だけ書いたとしたら、人は読み流していたでしょう。それを繰り返し書くことによって、やっと、「この人は起業コンサルタントの中でも、好きなことで起業して、見た目はふんわりだけど中身はしっかりというコンセプトでやっているんだな」と認識してもらえるのです。

ただ、同じフレーズを何度も書いているだけでは「またか」となってしまうので、「今日はこの洋服でコンサルしていました。好きな服を着て仕事ができるって、私の理想通りです」「テンションが上がるコーヒーショップでお仕事です」というように、「ふんわり♡」の部分がイメージしやすいように発信するように心がけていました。

「同じようなことを繰り返し書くと、飽きられてしまうのでは？」と不安がる方もいらっしゃいますよね。じつは、それこそがブランディングが定まらない理由なのです。伝えたい想いや考えを、いろんな角度から繰り返し発信していく……それが自分のブランディングをつくることになるのです。

現に私も、何度も「ふんわり♡」をイメージできるような投稿を心がけることによって、今のコンセプトである「可愛いままで起業できる♡」「好きなことを、好きなときに、好きな場所で、好きなだけ♡」が出来上がりました。

「ふんわり♡」の起業の仕方を伝えていくことで、これは男性と肩を並べてキャリアウーマンにならなくても、すごい人にならなくても、自分のままで起業し、自分らしくビジネスをつくっていけることを伝えられる！　と気づいたのです。


私の今のブランディングも、「見た目ふんわり♡　中身しっかり！　好きなことで起業する」ということから、少しずつ出来上がっていきました。

自分の伝えたいことを決めて、それを繰り返し発信していくことで、コンセプトがしっかりと定まり、それがブランディングになっていくのです♡

私は、この同じことを繰り返し発信するブランディング法を、「あだち充法」と呼んでいます。『タッチ』で有名な、あだち充先生のことです（あだち先生、勝手にごめんなさい）。

でも、H2もクロスゲームもキャラクターももちろんのこと、内容も青春の甘酸っぱい、スポーツを軸にしたラブストーリーで似てる……。あだち充先生ファンは、この世界を期待しているのです。

あだち先生がいきなり『ゴルゴ13』みたいな劇画的なものを書いたらびっくりだし、ヤンキー漫画を書いたら「ちょっと違うかも」と期待ハズレに思うはず。そう、人は期待しているのです。いつもと同じように、自分を楽しませてくれるものを。

だからこそ、私も少しずつ進化や変化をしていきたいと思っていますが、自分の「想い」や「コンセプト」からはずれることなく発信し続けたいと、日々ブランディングがぶれていないかを確認し、文章を書き続けています。

読んでもらいたい人を、まずは自分で決める

あなたのブログを、どんな人に読んでもらい、共感してもらいたいですか？　それを決めておくと、書くことに迷ったとき、「あの人に伝えたい」という視点からイメージがかたまり、書きたいことが浮かんできます。

ファッションのメディアだとしたら、読んでくださる人の「年齢は？」「結婚はしている？」「仕事はどんな？」「子供はいる？」「よく買う洋服のブランドは？」など細かく考えていきましょう。

ファッションを発信するにしても、毎日の通勤服を発信するのか、カジュアルなプチプラコーデ術を発信するのかでは、見てくださる層が変わってきますよね。そこで、**自分のブログを読んでほしい人はどんな人なのかをじっくりと考えます。**

その読んでほしい人のイメージを書き出したら、自分の知り合いの中でそのイメージに一番近い人を1〜3人あげます。

「○○さん」という自分のメディアの読者さんのモデルをつくり上げるのです。そして○○さんが知りたいことを発信していきましょう。

そうしたら、○○さんの興味のあることや、毎日のように読んでいるブログを聞いてみましょう。そこに「どんなことを書けば、毎日読みたくなるブログになるのか」のヒントが隠されているかもしれません。

そして、書くことに迷ったときにも、「○○さんなら、どんなことを知りたいかな？」と考えると、書くテーマや文章の構成が浮かんできます。読んでくださるメディアの向こうにいる相手をイメージすること。これは、読まれる・見られる人気メディアをつくる上で、とても大切です。

このＳＮＳを読んだあとの「○○さん」に、どんな未来が待っているのかを明確にしておくのです。

読むだけで毎日のファッションの参考になる、読むだけでパパッと料理がつくれるようになる、読むだけで元気になる、読むだけで痩せる……いろいろあると思います。

ただ、自分が伝えたいこと、たとえば起業しているなら、自分のサービスやセミナーの情報ばかりを「いいですよ！」と書いても、毎日読んでくれる人は減ってしまうでしょう。

読むだけで、読んだ人の未来がちょっとよくなる。そんなメディアを目指すと、多くの人に読まれるようになります。

読んで欲しい人が読みたくなることを書く

「○○さん」という自分のメディアの読者モデルが出来上がったら、次に、その人は、どんなブログを書いたら、毎日読みに来てくれるでしょうか。

たとえ無料でも、情報があふれているこの世界で、自分のブログを毎日読んでもらえるようにするのは至難の技です。

だからこそ、まず決めた「○○さん」が毎日読みたくなる記事を書いていくのです。

○○さんはどんなことを解決したいのでしょうか？　○○さんが婚活中で、すてきな人を見つけて結婚したいと思っているなら、

♛出会いがありそうな場所の情報
♛すてきな出会いがある婚活サイトの紹介
♛結婚できるマインドになる方法

「私メディア」を読んで欲しい人の

年齢は?	最近の悩みは?
性別は?	最近興味のあることは?
結婚はしている?	よく読む本は?
家族構成は?	よく読む雑誌は?
住んでいる場所は?	よく買う洋服のブランドは?
仕事は?	よく見ているメディアは?

↓

それは、あなたの友人知人でいうと誰？

↓

その人に伝える気持ちで発信すると
テーマや内容が定まり、ぶれなくなる

♛自分が彼の一番になるための行動などを書くことができますよね。

どんな人に向けて書きますか？その人はまわりの人でいうと、誰でしょう。具体的に１人決めましょう。その人が毎日読みたくなる情報は？

じっくりと考えてみましょう♡

自分の思いやコンセプトから外れることなく
発信し続ける。
ブランディングがぶれてないかを
確認することが大事。

「リア充」をメディアで先取りする！

人のメディアを見て、「おしゃれでいいなー」「なんかずるいなー」なんて思ったりすること、ありますよね。

でも、人のことを羨んでいるヒマなんかありません。自分のことに集中。それが「売れる私」の最大の鍵です。

人のことを羨む前に、自分の生活の中の「ステキ」を切り取って、メディアに投稿しましょう。なにも朝起きたときから夜寝る前まで、四六時中「ステキ」な時間を送る必要はないのです。

私ものすごくダラダラしているときがあるし、実際、今この原稿も、自宅のダイニングで楽チンな部屋着で、すっぴんで書いています。こんな姿は誰にも見せられま

せん。バラしているけど。（笑）
でも、メディアに投稿している写真は、もちろんちゃんとしている自分です。自分の生活の中で、「ここはこだわっている！」とか「ここは気に入っている」というところがありますよね。

インテリアでもお料理でも、ガーデニングでも、なんでもかまいません。そこを切り取って投稿すればいいのです。自分のリアルの中の「お気に入り」を少しずつ切り取って投稿していく。

意図的に、こんな生活だったらステキだなと思うこと。たとえば、朝ごはんはいつもはつくらないけれど、ていねいにつくっておしゃれに盛り付けてみる。それを写真にとって投稿する。

そうやって少しずつリアルを、自分の思い描いているライフスタイルに近づけていけばいい。メディアを自分の理想のライフスタイルで演出していると、いつの間にか、その世界を自分が生きているようになる。そう、リアルが追いついてくるのです！

まずは理想のライフスタイルを、メディアの中で演出することから始めましょう♡

「今の私」だからこそ伝えられることがある

「まだ、私はすごいことを成し遂げたわけじゃないし……」

「今の私なんかじゃ……」

そんなふうに思ってしまうこと、ありますよね。

「自分メディア」というと個人的なツールに思えるけれど、でも世界中の人が見られるメディアということに変わりありません。そう思うと、「もっとすごいことを成し遂げてからじゃなきゃ発信なんてできないのでは？」と思えてきますよね。

でも、**「今の私」にしか、伝えられないことがたくさんある**と思うのです。

たとえば私はよく、起業初期のときの様子や気持ちを聞かれたり、アドバイスを求められることがありますが、起業したのはもう7年前。そのときのリアルな気持ちなどは、忘れている部分もやっぱりあるんです。

でも、起業して2、3年目の人は、起業初期の人の気持ちがきっと手に取るようにわかりますよね。そう、経験を重ねたからこそ、伝えられることもたくさん増えましたが、あのときの私だからこそ、伝えられたこともたくさんあったなと思うのです。

だから、今のあなたが伝えられること、答えられることを真摯に楽しく発信していけばいいのだと思います。私も「あのころみたいな文章が書きたいな」と思うことや、逆に「もっといいこと書かなきゃ！」と思い悩んだりすることがありますが、「今の自分」だからこそ伝えられることを、「ありのまま」に書いていこうと思うのです。

この本も、書いている途中で「もっと小難しいことを書いたほうがいいのかな」と思うことがありました。そんなときに母親とメールのやり取りをしました。

母「今回は何がテーマなの？」

私「売れる私になる方法だよ。でも、もっとすごいこと書かなきゃって、悩んでる」

母「今のよしみを見ていると、本当にこんなに売れるんだーってワクワクするもんね」
私「そうだ！　そうだった！　今、私自身もこんなに売れて（自分で言うとおこがましいですが。汗）ミラクル！　ワクワク！　と思っていて、どうしてそうなったんだろう？　私ができたんだから、みんなできるよ！　それを、ありのままに伝えればよかったんだ！」

母とのやりとりの中で、そう、気がついたのです。
「ありのままの自分」でいいんだと思っていても、ついつい「すごい自分」にならなきゃと思ってしまいます。そういうときに、ちゃんと自分を見て、自分のやってきたことを見て、「ありのままで価値がある」と自分でその都度、認識することが大事だなと、今あらためて感じています。

「すごい自分」になってからじゃなく、「今の自分」のままで伝えていこう♡

「今の私」にしか、
伝えられないことがたくさんある。
「今の自分」のままで伝えていこう♡

メディアには感情をぶつけない

メディアは自分のありのままでという気持ちで、イヤなことがあるとその思いを書きなぐってしまう……。毎日のように更新していると、自分の分身のように感じてしまい、そうしたくなる気持ちはとてもよくわかります。

でも、そこは不特定多数の人が見ている場所。感情に振り回されて投稿するのは得策ではありません。ましてや、ＳＮＳをビジネスで使っているならば、それを見た人が困惑してしまうこともあるでしょう。

もちろん、ネガティブなことを絶対に書いてはいけないということではありません。誰でも落ち込んだり、イヤな気持ちになったりすることはあります。でも、それをダダ漏れにしてしまうと、情緒不安定な人と思われるかもしれないので、落ち込んだとき、凹んだときは、気分が少し回復してから書くといいでしょう。

私も、定期的に落ち込むことがあります。そういう〝絶賛落ち込み中〟のときは、あまりブログなどを更新しないようにして、落ち込みが回復したあとに、最近まで落ちこんでいた事実などを書くようにしています。

どうやってその暗い状態から抜け出せたのかということをセットにして書けば、読んだ人の参考にもなりますし、「いつも元気で、悩みがなさそうに見えるけど、やっぱり落ち込むときだってあるよね」と、共感してくださる方もいらっしゃいます。

ネガティブな感情はダダ漏れにするのではなく、自分でコントロールできる強さがあると、とてもいいと思います。

「リアル」と「バーチャル」をごっちゃにしない

自分のメディアといえども、そこはバーチャルの世界。どこまでいっても「リアル」ではありません。

私が起業して3年くらいは、毎朝ベッドの中でアクセス数をチェックするのが日課でした。それで1日のモチベーションが決まるといってもよく、アクセス数が少ないと、「なんで少なかったんだろう……」と考え込んでいたし、批判的なコメントが送られてきたときには、1日ずっと落ち込む。そんなことが多々ありました。

これって、バーチャルの世界にどっぷり浸かっている証拠ですよね。SNSの「いいね！」の数やアクセス数に一喜一憂したり、その中での人間関係に落ち込んだりして感情が揺さぶられることはありますが、バーチャルでの出来事がリアルにまで影響を及ぼすようでは、本末転倒です。

クライアントや起業初期の方から、よく「私のブログに、読者になって欲しくない人が読者になってきます。それが、イヤでイヤで」と相談を受けていました。

これはアメブロの読者登録というツールで、誰かが自分のブログに「読者登録」してくださったということなのですが、読者は多ければ多いほうがいいので、喜ばしいことです。私は、どんな人がブログの読者になってくださっているかなんて、考えたこともなかったので、びっくりしました。

ブログの読者登録はブックマークのような登録をするというだけで、そこからコンタクトをとったりすることではありません。

SNSで自分を発信していくということは、不特定多数の目に触れるということですから、最初から覚悟しておくことが大事です。現実の世界では、この人には会いたいけどこの人には会いたくないということは通用しますが、ネットの世界では基本的にそういったことが通用しません。

ましてや、そのツールを使って「売れる私」になりたいのなら、なおさらです。

もちろん、ＳＮＳを特定の人たちだけの交流ツールにすることはできます。フェイスブックにもインスタグラムにも、そういった機能がついています。ですから、最初に、友人や気の合う人たちだけの「交流ツール」として使いたいのか、自分発信をして「売れる私」になるために使いたいのかを決めましょう。

ＳＮＳは所詮、バーチャル。私のすべてではないし、私の一つのツールなだけ。バーチャルであるＳＮＳは、「リアル」をもっと楽しく充実させるためのツール。そう、単なる手段。「リアル」の私が「バーチャル」の世界に埋もれたら本末転倒です。

だから、もっと「リアル」を充実させるために、ＳＮＳをどう活用するかを考えましょう。「リアル」をもっと楽しむために♡

何者にだってなれるから、何者になるのかを決める

とりあえず、自分の肩書きをつくってしまうというのは手です。どんなメディアにも、自分のプロフィール欄というものがあります。気になる人がいると、「この人は何者なのだろうか？」と、たいていプロフィールを覗きますよね。

そのときに、たぶん1行目をまずさらっと見ると思います。そこで興味があれば、長いプロフィールでも読み込んでいく。

だから、**最初に肩書きや何者であるかを名乗るのはとっても大切**です。肩書きは、自分でつくってもオッケー！

かくいう私も「ワークライフスタイリスト」という肩書きは、今でこそ商標登録して全国で１５０名以上の方が名乗ってくださるものになりましたが、最初は自分がつ

くって自分だけが名乗っている、そんな裏付けのない肩書きでした。

先日、スタッフから「よしみさんが昔やっていたセミナーのレジュメが出てきました」と、そこに掲載した写真と一緒に送られてきました。肩書きは「ファッション&ライフスタイリスト」。そんな肩書きを名乗っていたことすら忘れていました。

パーソナルスタイリストとして起業して、その枠にとらわれず仕事をしたいと思っていたのですが、どんな方向に進もうか右往左往していたことが、その忘れてしまっている肩書きからも読み取れます。（笑）

私がブログを始めたときも、起業したときも、「何者」かになりたかった。何者でもなかったけれど、誰かに認められるそんな存在になりたいと思っていたはずです。だから、毎日自分の考えを発信していたし、自分の想いをそこに綴っていました。

楽しいことばかりではありません。批判のコメントが来たり、書くことがなくなったり、泣きながらブログを書いた夜も、もちろんあります。

でも、私はメディアと一緒に成長してきました。メディアが私を、今の存在にまでしてくれました。本当に、愛しい相棒のような存在です。

今でも、起業当初のブログを残してありますが、読むと恥ずかしくなるくらい、おぼつかない内容だし、文章も未熟です。昔から文章を書くことが好きでしたが、ブログを毎日書くことが、こうして著者としても活動させていただける礎となったことは間違いありません。

まずは、自分が何者になりたいのかをはっきりさせるためにも、とりあえずの肩書きを決めてしまってもいいと思います。

肩書きはあとで変えられるので（私もなんども変えてきました）、深く考え込まず、今の自分のやりたいこと、なりたい自分、発信したいことを、つなげてつくってみるといいでしょう。

♛ビューティー&ファッションコンサルタント

♕婚活&ライフコーディネーター
♕バリスタ&ライフスタイリスト
♕収納&お片付けアドバイザー
♕おもてなし料理研究家……

自分の肩書きを、ワクワクしながら考えてみましょう。自分でつけた肩書きを名乗ってみるだけで、発信がさらに楽しくなるのでオススメです♡

メディアの中の「理想の自分」を決めておきましょう。
どんな自分を発信しますか？

情報の出し惜しみはナンセンス

私が、受講生やオンラインサロンのセミナー参加者にいつもお伝えしていること。それは、売れるブログやメディアをつくりたいなら、**そのメディアを見ただけで問題が解決する人が続出するくらいの情報量を書いていく！**　ということです。

たとえば、ブログなどのメディアを自分のビジネスの集客につなげたいと思うと、大事なことは、集客先のセミナーやサービスの内容で伝えたいと思いますよね。そうすると、メディアに書くことは当たり障りのないことになってしまい、告知中心の情報になってしまいます。

そういった情報は定期的に読みたいと思わないのは、みなさんもおわかりになりますよね。集客を考える前に、そのメディアやブログのファンになっていただくことが大事なのです。

そのためには、そのメディアだけで問題が解決する人が続出するくらいの情報量を書いていくことが、ファンになっていただくために、ものすごく必要になります。

たとえば、ファッションをテーマにしているなら「それを読んだだけで、毎日のコーディネートの参考になる！」とか、恋愛をテーマにしているなら「そのブログを読んだだけで、彼氏ができた！」など、読んでいる人が読んでいる意味を感じなければ、いくら情報が無料でも、読みたいとは思いません。

だからこそ、情報の出し惜しみをせず、自分の持っている知識を95パーセントくらい書くつもりで出していったほうがいいのです。

そんなに書いたら、サービスやセミナーに申し込んでもらえないのでは？　と心配になる方もいらっしゃいますよね。

でも大丈夫です。メディアで読むのとリアルで聞くのとでは、全然違います。読んでいるだけでは、わかったつもりでも理解できていないことのほうが多いのです。それをリアルで会ったときに詳しく説明することで、より深く納得していただけます。

それから、情報は「生もの」です。聞いたことも思いついたことも、どんどん変わっていくし、更新されていきます。ですから、もらったり聞いたりした価値ある情報を独り占めにして自分の中だけに閉じ込めておくと、いざ出そうと思ったときには、もう時代遅れになっている……ということも多々あるのです。

いい情報は、お金や愛などのエネルギーと一緒なので、どんどん循環させていきましょう♡

アイデアも同じで、「いいことを思いついた！」と思っても、あまり長いこと寝かせておくと、自分のモチベーションが下がり、時代にマッチしなくなってきます。思いついたら即行動、即アウトプット。情報も、自分も、生ものですから♡

そのメディアだけで問題が解決する人が
続出するくらいの情報量を書いていく。

売れる法則＝共感×憧れ×応援

人は、人の顔が好きです。毎日見ていると、何も感じないようでいて、好きになっていくのだそうです（社内恋愛が多いのも、それが理由だと聞いたことがあります）。だから、たとえナルシストでなかったとしても（笑）、**メディアに自分の顔を載せたほうが、覚えてもらいやすいし、好きになってもらいやすいので有利なんです！**

自撮りなんて恥ずかしいという方もいるかと思いますが、これも馴れです。顔がわかったほうが、信頼感が増し、親近感もわきます。文章だけとか、顔以外の写真だけとかで自分を覚えてもらうよりも、何倍も楽チンです。

もちろん、お仕事の関係などで、顔出しができないという方もいるかと思います。そういう方は、いつも同じアイテムで顔を隠すとか、同じスタンプを使うなどして、印象に残る工夫をするといいでしょう。

顔は、何よりも、自分を覚えてもらいやすいツールです。

なので私は、自分が本当に売れるまでは髪型をむやみに変えないとまで誓っていました（パフュームの心意気です）。

人は、共感すると好きになり、憧れている人を真似したくなり、応援したくなる人がいるとその成長や動向を追いかけたくなります。

あなたが共感されるところ、憧れられるところ、応援されるところは、どこでしょうか？　そこをきちんと把握して発信することで、「売れる」がどんどん近づいてきます。

その中で、自分は「共感」「憧れ」「応援」の、どの要素を一番強く持っているのかがわかると、ブランディングがものすごくやりやすくなります。

●共感ブランディング

「私にもすぐ取り入れられそう！」

「わかるわかる！」

そんなふうに思ってもらえるようにするのが「共感ブランディング」。私自身はこの要素が一番強いです。


共感ブランディング法を使っているのが、読者モデルさんたち。自分とかけ離れたスタイルや顔立ちのすごいモデルさんよりも、使っているアイテムやコーディネート法はすごく取り入れやすいですよね。


私が大好きな梨花さんはすごいモデルさんですが、共感ブランディングを使われています。彼女が悩みや落ち込んだことを発信すると、「わかる！」となり、日常のライフスタイルを綴ることで「取り入れたい！」となります。

彼女はこの「共感」を使ったブランディングの最高峰といってもいいでしょう。

●憧れブランディング

女優さんや、すごい才能を持った人、ちょっと変わった人（笑）など、「自分はできないけど、すごい！」とか、「この人から教えてもらいたい！」と言ってもらえるのが「憧れブランディング」です。

すごい女優さんや、専門家のような人は、自分のプライベートはあまり公開しないで、仕事に徹するという方が多いようです。

プライベートを見せると「共感」が多くなり、それを隠して自分の才能の部分を前面に出すようにすると「憧れブランディング」になっていきます。

私の中で、「憧れブランディング」の王者は松田聖子さんです。自分からプライベートのことは多くを語らず、「松田聖子」を前面に出している。それに憧れるコアなファンがたくさんいます。

●応援ブランディング

近年人気のアイドルたちは、みんな「応援ブランディング」を強化しています。成長する様子をしっかりと見せ、接触頻度を高くして、応援してもらいやすいようにプロデュースされています。

「ずっと応援してる！」「頑張れ！」と言われることが多い人は、この「応援ブランディング」が向いているかもしれません。

インスタグラムなどで子どもの写真をたくさんアップして、子ども服の販売をしていたり、育児日記などを書籍化する方がいますが、これは「共感ブランディング」でもありますが、中心は「応援ブランディング」です。成長の過程を見せることで、その親子を応援したくなる……そうやってファンができていきます。

「応援ブランディング」の王者は、宝塚歌劇団です。その人が音楽学校を卒業して、トップスターになるまでずっと応援しているという人は少なくありません。贔屓にしているスターが卒業するときには、ファンの人たちは白い服で観劇するという風習まであるそうです。

野球、サッカー、相撲などのスポーツもそうですが、応援する力というのは「ファン」をつくる大きな要素になります。

顔は、何よりも
自分を覚えてもらいやすいツールです。
私は、自分が本当に売れるまでは
髪型をむやみに変えないとまで誓っていました。

「売れる」が拡大していく方法

「なんで、そんなに知られるようになったのですか？」

「どうやったら、本がたくさん売れるんですか？」

そんなことを聞かれることが多くなりました。

私は人から見ると、かなりの努力家らしいです（自分が夢中なことをただやっていただけなので、自覚はないのですが）。なので、これまでご紹介してきた方法を一つひとつ地道にこなすことで、ある程度の結果を出してきました。

でもそこから、出版とか大勢の前での講演とか、そういう世界へ行く方法がまったくわからなくて、自分の力ではどうにもできない……そんな、かなうかかなわないかもわからない、それはそれは遠い世界のような気がしていました。

そんな私でも今、自分が望んだ世界に身を置くことができています。もちろん毎日、淡々とブログを書いたり、一人ひとりのお客様に向かってきたからこその今なのは間違いないのですが、「売れる」を拡大していくために、私がしてきたことを、ここでシェさせてください。

●必要以上を求めず期待感を残して自然の流れにお任せ

自分で言うのはおこがましいですし、恥ずかしくもあるのですが、私の本を読んでくださり、考え方に共感してくださっている方が、「ヨシミスト」と名乗ってくださっています。これは本当に嬉しいことで、私にとっては夢のような現象です。

この「ヨシミスト」という名称、じつは私が考えたわけではなく、読者の方の一人が「宮本佳実さんの考えに共感する読者の方をヨシミストと命名します」と、ある日ブログで宣言してくださり、私の事務局にも「佳実さんのファンをヨシミストと命名しました」とご報告がありました。

そのときは、ただただありがたいなぁという気持ちだったのですが、その方が第1

回の「ヨシミストの会」という読者の方の集い（いわゆるオフ会）を主催してくださり、それからというもの、「ヨシミスト」と名乗ってくださる方、「ヨシミストの会」を開いてくださる方が全国に広がりました。

現在はインスタグラムやアメブロの「ハッシュタグ（＃）」でも、たくさんの方が「＃ヨシミスト」で投稿してくださっています。

本を出す前、「このような状況になったらいいな」とは思っていました。読者の方がオフ会を開いてくださるのも夢でした。

でも、こういうことは自然の流れにまかせようと、「こうなったらいいな」というイメージだけ残して、放っておいたのです。

本を読んで著者のファンになってもらうというのは至難の技です。本を購入した方のためだけの特典動画を用意したり、メールマガジンへの告知のリーフレットを入れたりといろいろと策はあると思うのですが、私はそういったことはまったくやらないという選択をしました。

ただ、理想をイメージしただけ。

本が売れる、ファンの方が全国的に増える……。こういったことは、今まで私がやってきた集客やマーケティングに比べ、規模が大きすぎて自分ではコントロールできない気がしました。小手先のテクニックを使ったところで、どうにかなる問題ではないと感じたのです。

だから、理想のイメージだけしておいて、あとは成り行きにまかせようと。そうしたら、イメージ以上の現実が実現したのです。

●画面の向こう側の人になる

私は昨年の夏から、月額制のオンラインサロン「クラブヨシミスト」というコンテンツで、会員向けのレッスンを動画でお届けしています。これは月に1回、全国のどこかで会員の方が参加できるセミナーを開催し、そちら向けの内容をすべて動画でお届けするというものです。

伝える手段というのは活字だけではなく、「動画」のメディアが主流になり、手軽に扱えるようになってきています。

文章を書くのが苦手という方はたくさんいらっしゃるでしょうが、そんな方はこの「動画」コンテンツを試してみるといいかもしれません。

「動画」というと、カメラで撮影して、パソコンで編集して……そんな大変なこと、できないと思いますよね。私もそうでした。

たしかに有名なＹｏｕＴｕｂｅのクリエイターさんたちは、カメラやマイク、編集にとてもこだわっていますが、最初はパソコン内臓のカメラやスマートフォンで撮影したものをそのままアップするというレベルで十分だと思います。編集も、スマートフォンのアプリで簡単にできます。

スマートフォンで手軽に撮影した動画を、いとも簡単にフェイスブックやインスタグラム、ユーチューブにアップできるのです（やり方はグーグルで「ｉＰｈｏｎｅ　動画ＹｏｕＴｕｂｅ　投稿」などで検索すると、詳しく解説してくれているサイトが見つかります）。

また、フェイスブックやインスタグラムのライブ配信もオススメです。こちらもスマートフォンで簡単に行うことができ、ライブで見ている人が、リアルタイムでコメントしてくださって、そこに動画で答えることができるなど、臨場感あふれるメディアをつくることができます。

こうやっていると、もうテレビのタレントのような感じです。ごくふつうの私でも「画面の向こう側の人」になることで、つながっているという感覚が生まれ、うまくいけばカリスマ性も生まれます。

もう動画は手軽なツールになっているので、まずは挑戦してみてください。やってみて自分には合わないと思ったら、やめればいいのです。

まずはやってみる。

やってみたら意外に楽しいということは、この世の中にたくさんありますよ♡

ごくふつうの私でも
「画面の向こう側の人」になることで、
カリスマ性が生まれる。

私に「売れる覚悟」を！

自分メディアをこれからつくろうとか、始めようとする方によくされる質問が、「批判が怖いのですが、どうしたらいいでしょう？」というものです。

「売れる」と「共感」「称賛」はセットですよね。売れたということは、たくさんの人に共感してもらって、憧れてもらって、褒めてもらえる。そういうことです。ということは、「売れる」と「批判」もじつはセットなのです。

「共感」や「称賛」だけを手にして、「批判」はしないでくださいということはできません。セットですから。

どんなにいいことを言っても、細心の注意を払っても、「売れて」たくさんの人の目に触れると、心ないことを言ってくる人は少なからずいるものです。

それはもう、しょうがないことです。私も「批判」はとても怖いことでした。もっと売れたいけど、怖い。そう思っていました。

私も、そういった自分への「批判」を見たときは落ち込むし、怒りもこみ上げてきます。「なに！　勝手なことばっかり言って！」と。

でもね、その感情を味わったあとはスルーです。

本を出したことで私のことを知ってくださる方が一気に増えたとき、やはり「批判」も出て、それを見てものすごく落ち込んだことがあります。けっこう何日間か引きずって……。（笑）

でもね、驚いたことに、そのことを考えているとき以外は、朝起きて、パートナーと笑ってご飯を食べ、ブログを書き、友人や仲間と近い将来のことをワクワク語り合い……いつもの日々となんら変わりなかったんです。

それどころか、本を読んで救われたとか、もっと自分も人生を楽しもうと思ったとか、嬉しいお言葉もたくさんいただいたんです。

そうやって感想をくださる方や、いつもブログを読んでくださる方、セミナーに来てくださる方、応援してくださる方……そういう方々に心から「ありがたいなぁ」としみじみ感じていたとき、ふっと気づいたんです。

あれ？　批判されてもうやだーって思ったけど、私の日常生活には何も変わりがない。私の世界とその批判の世界は別のものなんだなあと、感覚的に思いました。

私の世界に、その「批判」を入れなければ、私の世界には何の影響もない。批判を見て、もちろん落ち込んだりします。それもいいと思います。「そうかー、そういう考え方もあるのかー」と納得します。心の中では、ちょっと「はあ（ため息）」と思ったりもしますが。（笑）

でも、そのあとは自分の世界には入れない。イメージ的には、別世界のこととして、意識的に線を引く感じです。

好きなことを仕事にするには、「覚悟」が必要です。これまで本の中でも何度もお伝えしています。

みなさんから「本を出して、売れると批判されて、怖いですよね。そういうことって、考えないんですか？」とよく聞かれますが、今はそれも覚悟の上です。批判を恐れて、売れることを拒んでいたら、私の想いはみなさんに届かないでしょ。

私は、この新しい働き方、生き方を多くの人に伝えたいと心の底から思っています。

そこは、称賛ばかりではないことは覚悟の上です。

そう、「売れる私」は覚悟の上になりたっているのです♡

人の「売れる」を喜べば、次は自分の番！

「まわりの人が売れ始めると焦ります」というお声をよく聞きますが、**まわりの人が売れ始めたということは、それは「私も売れる」のサインです**。

そこで「やったね！」と喜べるか、「あなただけずるい」と思うか……。そこに自分の未来への可能性がかかっています。

売れることは、まわりから「ずるい」「妬まれる」ことだと思っていると、せっかく自分が売れそうな状況になったときに、無意識のうちに「怖い」という思いが出てきて、「売れる」に邁進できなくなります。

だから、まわりの人が売れてきたら、心から喜んであげましょう。自分が「売れる」ということは、まわりの人も喜んでくれることだと、自分の無意識の中に刻み込むことが大切です。自分がそれを先取りすることがとても大事です。

まわりの人が売れたのなら、次はあなたの番です♡

「売れる」ということは、たくさんの人がそのメディアに集まってくるということです。では、そのためにどうしたらいいのかというと、それは簡単。「自分が楽しむ」ことです。

楽しそうなところに、人は集まります。だから、いつも自分が楽しく発信し続けることで、人が自然に集まってくるようになるのです。

私は、ブログを書くことが楽しかった。もちろん先ほども書きましたが、つらいことやイヤなこともありました。でも、どんなことだってそうですよね。大好きな人のことだって嫌いなところもある。それと同じ。だから、少しくらいイヤなことがあるのは、想定内。

楽しくなるように工夫し続けることで、メディアはどんどん育っていって、自分を

「信じられない存在」にしてくれます。

今、私は本を出したり、何百人の方が集まってくださる講演をさせていただくまでになりました。それは、たった1人の読者（私）だったブログから始まりました。それが2人、3人と増えていき、今では本当にたくさんの方が毎日、私のブログやインスタグラムを見てくださっています。

本当にどこにでもいる高卒OLだった私でも、こういった現実を生きられているのは、このSNSがあったからだと確信しています。

私たちは、何者にでもなれます♡
だから、もっと自由に軽やかに、「私」を発信していきましょう。
恐れず、怖がらず！

行ったことのない世界は怖いけど、でもワクワクするでしょ？
売れる準備、できてる？

まわりの人が売れ始めたということは、
それは「私も売れる」のサインなのです。
だから、もっと自由に軽やかに、
「私」を発信していきましょう。

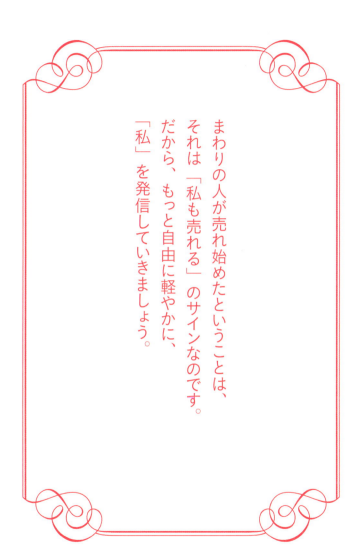

第5章

自分の「好き」「生き方」がビジネスになる時代

あなたの「好き」や「生き方」で唯一無二の働き方を

私はもともと、ファッションやメイクが好きで、２０１０年に女性を「おしゃれ美人」にするパーソナルスタイリストという、個人向けのスタイリストの仕事を始めました。

それまでは、20歳ごろに2年間ほど洋服の販売員をしていましたが、スタイリストの経験があったとか、服飾の学校に通っていたとか、そういったキャリアは何もありませんでした。

ただ洋服が好きだった。コンプレックスいっぱいだった自分を、少しでも可愛く見せてくれるファッションやメイクに夢中だった。それだけが理由です。

「好きこそものの上手なれ」とはよく言ったもので、私はファッションブランドのほとんどを把握していたし、ファッション雑誌には毎月ひと通り目を通していた。

街行く人を見て、「この人、こうしたら、もっともっと可愛くなるのに！」といつも勝手に考えていました。それが、そのまま仕事になったのです。

最初、まわりの人に「おしゃれが苦手な人の買い物についていって、アドバイスする仕事をしたい！」と言って、「何夢みたいなこと言っているの？」とバカにされ、鼻で笑われました。

もちろん、そう言われて「やっぱり無理かな」なんて、頭をよぎりもしたけど、私の想いは止まらなかった。失敗するかもとか、うまくいかないかもとか、そういうことはどうでもよくて、ただやりたかったんです。

失敗するのが恥ずかしいなら、こっそり始めればいい。

うまくいかないのが怖いなら、今の仕事を続けながら少しずつやればいい。

やりたいことがあるのなら、始める方法はいくらでもあるのです。

そして、パーソナルスタイリストの仕事が軌道に乗り、「好き」が仕事になるとわかった私は、こんな楽しい毎日を独り占めにしておくわけにはいかないと、起業のコンサルティングやセミナーを始めました。

好きな時間に仕事をして、好きなときに遊んで、好きなことを好きなだけできる自由な生活……私には、そんなライフスタイルがたまらなく楽しく感じたのです。

私の頭の中は少しずつ、ファッションよりもマーケティングや集客、ビジネスのことでいっぱいになっていきました。そう、今までの経験で「好き」が変化していったのです。

だから、新しい「好き」と、自分の「生き方」をもっともっとシェアしたくて、それを発信して仕事にしました。

みなさんにも、今まで生きてきた中での「好き」や「生き方」、そして「考え方」があると思います。

料理が好きな人、歌を歌うのが好きな人、自己啓発が好きな人、彼氏が途切れたことがない人、人生が思った通りになっている人、大変な挫折から這い上がって、今とても楽しい人生を送っている人。

自分の「好き」と、自分の「生きてきた道」を振り返ってみる。そして、それを多くの人にシェアしてみてください。

料理が好きな人は、簡単でおいしいレシピのつくり方をシェアするのもいいし、時短料理のつくり方でも、テーブルコーディネートの仕方でも、お料理教室や料理本の紹介でもいい。

自分が自然に夢中になって得たもの、これを知って自分も役に立って、毎日が楽しくなったと思うものをシェアしていきましょう！

彼氏が途切れたことがない人は、その方法やコツを、なぜ途切れたことがないのかを自分で探ってみて、自分の言動、デートに誘われる方法なんていうのも多くの人が知りたいかも。あなたの生き方をどんどんシェアして、恋愛でハッピーになる人を増やそう！

自分の「好き」と「生き方」が誰かを幸せにする♡
誰かの毎日をもっと楽しくする♡

それが、あなたのメディアになっていくし、ビジネスへ成長することも大いにある。

自分の「好き」と「生き方」をビジネスにするということは、夢中になれることをビジネスにするということ。

もちろん、それが会社員という形でもフリーランスでもいいと思います。

自分の「好き」を追求し、「生き方」をとことん振り返ると、働き方が見えてくる。
オンとオフの境界線のない、自分だけのワークライフスタイルがどんどん出来上がっていく。

「好き」を追求すると「私」がもっと濃くなっていく

「何が好きなのかわからない」

「何が楽しいのかわからない」

そんなふうに言われることがとても多いです。

でもきっと、**「好き」って、もっと身近なところにあります。なんとなくいいなと思うこと、昔からなんとなく選んでしまうもの、そこのところをしっかりと振り返ってみましょう。**

今の好きなものがわからなかったら、昔好きだったものまでさかのぼって考えてみてください。


私には2つ年下の妹がいます。同じ両親から生まれ、同じ環境で育ちましたが、性格はまったく違います。

たとえば、私は幼稚園に入る前から、母親が目を離すと、通う予定の幼稚園に勝手に歩いて行ってしまう。そんな子どもだったそうです。妹のほうは、母親からなかなか離れず、1人でどこかに歩いて行くなんてもってのほか。私がのちに通った家の前の幼稚園はマンモス園だったため、人見知りの妹には合わず、母親は妹を隣町の小さな幼稚園に自転車で何十分もかけて送り迎えしていました。

昔を振り返り今の自分たちを考えると、「それぞれに心地よい道に進んでいるな」と思うのです。私は外へ外へ行動するタイプだし、妹は現在、専業主婦で子育てをとても楽しんでいます（最近は私の会社の事務を手伝ってくれています）。

みなさんは小さいころ、どんなお子さんでしたか？　そして、何が好きでしたか？何に夢中になっていましたか？

環境や人のことを考えず、ただただ好きなことに夢中だったあのころ。それを思い出して「自分の好き」を確認してみましょう。何か答えが見つかると思います。

「好き」×「心地よさ」で私らしく売れる！

私は新しい働き方の一つとして、「起業」というスタイルを提案してきました。私の本がきっかけで「こんな世界もあるんだ！」と、起業という道を選んだ方もたくさんいてくださると聞き、本当に嬉しいし、感激しています。

でも私は、「起業が絶対にいい！」と言いたいのではありません。こういう働き方もあるという選択肢の一つとして、みなさんに知って欲しかった。

「どこかに勤めるしかない」と思って会社員を選ぶのではなくて、「この会社で働くことを自分で選んだ」と思ったほうが、「働く」ことが何倍も楽しくなると思うから。

たとえば、ネイルの施術が大好きなサロン勤めのネイリストさんがいるとします。その方はとても優秀で、指名も多いので、まわりの人から「独立したら？」とか「自分でやったほうが儲かるんじゃない？」と開業をすすめられ、自分のサロンを持ったとしましょう。

でもそうすると、大好きなネイルの施術に集中できなくなる……という懸念も出てきます。独立してオーナーの立場になったら、集客、店舗のこと、スタッフの雇用・育成、お金の管理のことなど、やることが山のように増えます。

本当にネイルの施術をすることが大好きなのだとしたら、サロンにお勤めという形のほうが、自分の「好き」に集中できる働き方なのかもしれません。

もちろん、独立することで「自由」や「自分のお店！」という別の喜びも増え、イキイキされる方もいらっしゃると思います。

要は、どちらが自分に合っているか、自分はどうしたいのか、何を選ぶのかが重要なのです。

自分の「好き」がわからないと、「人がこっちのほうがいいと言ったから」とか、「みんながこっちを選ぶから」「トクしそうだから」「うまくいきそうだから」し、自分が楽しむ気持ちや心地よさがおざなりになり、いつになっても心が満たされない働き方をすることになります。

「好き」と「心地よさ」をちゃんと自分で追求し、働き方を見つけていきましょう。

「売れる」は自分の心地よさや楽しさの上に成り立つものです。

いくら売れても、自分が楽しくなかったり、心地よくなかったりしたら、忙しいだけで心も体も疲弊していくことになります。

長期的なビジョンの先の未来を考える

先日、対談もさせていただいたことのある、ベストセラーを何冊も出していらっしゃる本田健さんのマーケティングセミナーに参加させていただきました。

そのとき、とてもステキなお話を伺いました。

――自分の「夢」の、その先の未来を考える。

前章で、みなさんに「長期的なビジョン」を考えていただきました。そのビジョンをかなえるのって、ものすごく難しそうで、かなったとしても、とても先のことのように感じますよね。

でもね、その「長期的なビジョン」の先を考えることで、そのビジョンは過程になっていくのです。過程になるということは、その先のビジョンをかなえるために必要な「前提」となるということ。

そう、「当たり前」になるのです。

そうすると、「長期的なビジョン」はぐっとあなたに近づいてくる。

あなたが思っているよりもずっと早く、あなたの日常になるはずです。

あなたの発信が誰かの「明日」につながる

「売れる」とは、なんでしょうか。それは年収1000万円以上稼ぐことでしょうか。それとも、大人気ブロガーになることでしょうか。

きっと、あなたが「こう売れたい」と思うことが正解なのですが、私の中で**「売れる」とは、自分の発信が誰かに届くこと**ではないかなと思います。

先日、ワークライフスタイリストを受講していた卒業生がこんなことを話してくれました。

――私は看護師で、このままずっと仕事を辞めなければ安泰だし、辞めようとも思ってなかったんです。でも、たまたま本屋さんで、よしみさんの『可愛いままで年収

１０００万円』を見つけて、「こんな働き方があるんだ！　こんな世界があるんだ！」と、講座に通い始めました。

そこから、自分の体験や考えを、マイペースですが、ブログで発信するようになって、そうしたら、私のブログを読んで勇気づけられたとか、元気が出たとか、問題が解決したという声が聞こえるようになったんです。

この前も、会った方に「ブログ読んでます」と言われて、すごく嬉しくて。「売れる」ってこういうことなんだって思いました――

私は、彼女の言葉にはっとしました。

私もブログを通して、メディアを通して、本当にたくさんの方に、自分の考えに共感していただき、そこからセミナーなどのサービスを受けていただき、見たことのないような景色を見せてもらいました。

「ブログ、インスタ、いつも見ています。仕事が終わって、よしみさんのブログを見るのが、ものすごく楽しみなんです」

そのように言っていただくたびに、なんだか他人事のような不思議な気持ちになるのと同時に、本当に感謝の気持ちでいっぱいになります。

なにものでもなかった、たった一人の私の小さな小さな発信は、たしかに誰かの心に届いていていました。それが一人、二人……と増えていき、今こうやって本を何冊も出版させていただけるまでになっています。

あなたの「楽しい」「こうしたら上手くいった」「これが好き」「こう考えらいい」「こうしたらおしゃれになる！」……このような発信は、誰かの心に届き、共感され、感動させ、そして励まし、勇気づけるのです。

あなたの好きや得意が、きっと誰かの「明日」につながる。

だから、届けよう！

そして「売れる私」になろう！

「売れる私」に許可を出す

先日、私がとても尊敬している本田晃一さんの講演会におじゃまして、久しぶりにゆっくりお話させていただきました。

その中で晃一さんが、こうおっしゃっていたんです。

「僕の人生の中で、誰かが自分のファンになってくれるなんて、本当に奇跡としかいいようがない。昔からバスケ部とかで他校の女子とかにもキャーキャー言われていたり、ジャニーズに所属経験あるとかなら別だけどさー」

晃一さんは40代の男性で、「世界一ゆるーい帝王学」を提唱されていて、ファンの方からは「こーちゃん」の愛称で親しまれています。

一昔前の「売れる」は、すごい美女だったり、イケメンだったり、何か特殊な才能があったりというように、「特別」でないと難しいとされてきました。というか、私たちはそれを信じて疑いませんでした。

でも今は、「普通の私」にファンができる時代、「フツウの私」が売れていい時代なのです。

そのことに自分が許可を出す。**私は売れていい存在だし、普通の人にファンができていいのだと。**

それを許可しないと、普通なのにファンがいる人を妬み、自分もファンができると妬まれて、「普通なのに売れるなんて無理！　間違っている！」となって、一向に売れることができません。

だからこそ、「みんな普通に売れていい」と唱えてみる。そうすると、スルスルと「売れる私」への階段が開いていくから。

おわりに

「今度の新刊のタイトル、『売れる私になる方法』なんだ」

と友人に話したら、

「本当に、よしみちゃん売れたもんね……」

と、しみじみ言われました。

　何年も前から私のことを知ってくれている友人だからこその言葉だなと、なんだか嬉しく、そして笑ってしまいました。


　ここまでくる間に、もちろん泣いたり、辞めたいと思ったり、いろいろありました。苦しくて、パートナーに当たり散らすなかで、パートナーが「いつか、作家さんになるんでしょ！　よしみ言ってたじゃん。そこまで頑張るんでしょ！」と、大きな声で励ましてくれたこと、今でも忘れられません。

　私は「なるぅぅ」と涙を拭っていました。

以前、講座の卒業生が「もっともっと売れたいから、私は売れてる！ って毎朝、唱えてます！」とメールをくれたことがあります。

そのとき、私は「いいねいいね、もっと売れるね。でも極論は、売れても売れなくてもどっちでもいいんだけどね」と返していました

そう、本当の答えは**「売れていても、売れていなくても、どっちでもいい。どっちにしても私はすごいから」**なのだと思うのです。

「売れている」というのは、基本的に「人からどう認められているか」ということです。もし、ブログの読者が増えなかったり、彼氏ができなかったり、思うように集客できなかったりすると、「私は売れていないからダメだ……」と落ち込んでしまう原因にもなります。

「売れているか、売れていないか」ということは、自分の幸せを決めるものではありません。売れているからいいとか、売れていないからダメだとか、そういうことではないのです。

自分の幸せは、他人の評価で決まるのではなく、自分が決めるものです。だから、「売れる」というのは、自分の中の一つの「出来事」でしかありません。それがすべてではないのです。

もちろん、「売れる」ということは嬉しいことです。でも、それが自分の評価のすべてではなく、売れていても、売れていなくても、私はすごいし、幸せ。そうやって**自分で自分のことを認められたら、自分が認めたように人も認めてくれるようになる**のです。

自分が自分を認める前に人に認められてしまって、「売れる」を体験してしまうと、売れなくなったときに、余計な不安に襲われたり、欠乏感が生まれたりします。

だから、SNSの「いいね！」一つで、気分が上がったり下がったりしてしまうし、営業成績が不振だと自信がなくなりウツになってしまうなんて話も聞いたりします。

でも、他人の評価は無責任だし、勝手に上がったり下がったりするもの。評価されたら嬉しいけれど、それは一つの「出来事」でしかないんです。

自分がちゃんと自分を認めてあげて、そのおまけで「売れる」があれば、もっともっと人生を楽しめるのではないかと、私は思うのです。

「売れる」は、人生を楽しくしてくれるツールではありますが、「売れる」に振り回されない私でいることがものすごく大事。

「売れる」に執着しなくなったとき、ステージが変わり、本当の「売れる私」が始まるのだと思います。

最後までお読みいただきありがとうございました。

どこにでもいる普通の私だからこそ、この本をみなさんにお届けできたのだと思います。今、みなさんが「私にもできそう」と少しでも思ってくださっているのなら、これ以上嬉しいことはありません。

「売れる」を味方にして、もっともっとご自分のワークライフスタイルを楽しんでいただけたら幸いです。

宮本 佳実

宮本 佳実（みやもと よしみ）

ワークライフスタイリスト／ビューティリア代表

1981年生まれ、愛知県出身。高校卒業後、アパレル販売員、一般企業、司会者を経験。28歳で起業を決心し、パーソナルスタイリストとなる。名古屋で主宰する「女性のためのスタイリングサロン ビューティリア」は全国から顧客が来店するサロンに成長。その経験から「好きなこと起業」の楽しさを多くの人に伝えたいとコンサルティング活動を開始。

現在はサロンをチーム化し、自身はワークライフスタイリストとして「可愛いままで起業できる！」をコンセプトに活動。女性らしく自分らしく、幸せと豊かさを手に入れられる生き方やマインドを発信。セミナーは1日で400人が参加するなど大盛況。

著書に『可愛いままで年収1000万円』『可愛いままでこう働く』『可愛いお金持ち養成講座』（小社刊）などがある。

宮本佳実 オフィシャルサイト

HP　http://yoshimimiyamoto.com

Blog http://ameblo.jp/beauteria/

Twitter　http://twitter.com/beauteria

Instagram　http://www.instagram.com/yoshimi_miyamoto722

Facebook　http://www.facebook.com/yoshimimiyamoto722

フツウの私にファンができる♥

「売れる私」になる方法

2017年9月15日第1版第1刷発行

著　者●宮本佳実

発行者●玉越直人

発行所●WAVE出版

〒102-0074　東京都千代田区九段南3-9-12

TEL 03-3261-3713　　FAX 03-3261-3823

振替 00100-7-366376

E-mail: info@wave-publishers.co.jp

http://www.wave-publishers.co.jp

印刷・製本●萩原印刷

NDC 159　223p　19cm

ISBN978-4-86621-076-6